LA JUSTICE

POURSUIVIE PAR L'ÉGLISE.

APPEL

DU JUGEMENT RENDU PAR LE TRIBUNAL DE POLICE
CORRECTIONNELLE DE LA SEINE,

LE 2 JUIN 1858,

CONTRE

P.-J. PROUDHON.

BRUXELLES,

LIBRAIRIE DE L'OFFICE DE PUBLICITÉ,

Montagne de la Cour, 39

1858.

Brux. — Imp. de Ch. LELONG, rue Royale, 138.

TABLE.

AVANT-PROPOS.

Je suis accusé, en France, de plusieurs délits que j'aurais, par la voie de la presse, commis en France ; après une condamnation prononcée par le Tribunal de Police correctionnelle de la Seine, et un arrêt confirmatif, rendu par défaut, de la Cour d'appel de Paris, la cause, sur mon opposition, doit être appelée de nouveau, devant ladite Cour, en novembre prochain 1858. Tout se passe en France : et je publie ma défense à l'étranger.

Ceci demande explication.

Depuis sept ans, les libertés françaises s'en vont à petit bruit, une à une... Je veux n'en accuser ici personne : il me faudrait d'ailleurs accuser trop de monde.

Ainsi, pour ne parler que de ce qui me regarde, les délits de presse étaient, avant le 2 décembre, soumis au jury. C'était une garantie donnée au Pays par les constitutions antérieures, que, sous prétexte de réprimer les diffamations, publications obscènes et autres méfaits de ce genre, commis par la voie de la presse, le gouvernement ne portait pas atteinte à la liberté d'écrire, reconnue à tous les Français. — Le décret du 17 février 1852 a changé cette juridiction : les délits de presse ressortissent aujourd'hui de la police correctionnelle. Le philosophe, l'homme qui s'aventure dans les ténèbres du préjugé à la recherche du vrai, assimilé maintenant aux vagabonds et aux tapageurs nocturnes, pour l'expédition desquels il suffit des tribunaux de police, a perdu la garantie qu'il pouvait trouver, contre la mauvaise volonté du gouvernement, dans la conscience du jury.

Une procédure spéciale, conservée par la législation, peu

douce cependant, de 1835, existait depuis 1819 pour la poursuite de ces délits. Rien de plus naturel. Puisque, par une restriction à la liberté des citoyens et dans l'intérêt du pouvoir seul, on créait, sous le nom de délits de presse, toute une catégorie de délits politiques, les garanties devaient s'étendre tout à la fois, et sur la juridiction, et sur la procédure. — On a supprimé cette procédure protectrice : la poursuite a lieu maintenant dans les formes ordinaires. Rien de plus naturel encore, au point de vue du 2 décembre : puisque le citoyen qui publie son opinion, une opinion désagréable au Pouvoir, est assimilé aux perturbateurs du repos public, il doit être traité comme eux. Le despotisme a sa logique, aussi bien que la liberté.

Les journaux avaient la faculté de rendre compte des débats, chose qui n'était que de droit commun. — Le décret du 17 février, en même temps qu'il soumet à la juridiction commune et à la procédure commune des délits que le législateur de 1819 avait réputés exceptionnels, des délits de création politique, c'est-à-dire arbitraire, les fait tomber, quant à la publicité des débats, au-dessous du droit commun : en matière de presse, il est interdit aux journaux de rendre compte. Hors une centaine de spectateurs, qui tous encore peuvent être choisis par le président du tribunal, le citoyen que le pouvoir poursuit pour l'émission de sa pensée est jugé à huis clos : ainsi le veut la législation de salut du 2 décembre. De la négation des principes qui, en 1819, avaient présidé aux lois sur la presse, nous voilà tombés dans la violation judiciaire du droit commun; l'exception, toute de faveur, qu'on avait faite en établissant ces lois, est à présent toute de défaveur : que disent de cela les savants jurisconsultes, princes de l'Empire, MM. Troplong et Baroche?

Du moins, pensez-vous, ces délits d'exception sont nettement caractérisés, rigoureusement définis; la peine, sagement mesurée, ne laisse rien à l'arbitraire. — Non : ainsi qu'on le verra dans ce Mémoire, rien de plus vague que le délit politique commis par la voie de la presse; rien de plus élastique que la loi; rien qui donne plus carrière à la pas-

sion, aux vengeances, que la pénalité. En matière politique,
les tribunaux frappent : le jugement n'est que pour la forme.
Mieux vaudrait un conseil de guerre.

Une chance de salut restait aux inculpés, la faculté de
publier, avant l'audience, un mémoire. Aux termes de la loi
de 1819, le mémoire, la défense écrite, qui sied si bien au
citoyen poursuivi pour un écrit, ne peut donner lieu à une
poursuite nouvelle, et rien n'en limite la publicité. — On a
trouvé moyen d'annuler encore cette garantie. Le parquet
d'un côté, les juges de l'autre, se réservent, m'a-t-on dit,
d'apprécier si le mémoire qui leur est adressé, et qui naturellement n'est pas fait pour eux seuls, ne serait pas une
publication déguisée : en cas d'affirmative, ils saisissent,
poursuivent, à tout le moins suppriment.

Décidé à user du moyen que me réserve la loi, c'est en vain
que j'ai sollicité les imprimeurs parisiens de me prêter leur ministère : — « Nous sommes prévenus officieusement, m'ont-ils
dit, que tout ce qui sort de votre plume est dangereux : nous
n'imprimerons rien pour vous, sans autorisation du parquet. »

Sur ce je demande au procureur général, M. Chaix-d'Est-
Ange, une déclaration constatant que l'art. 23 de la loi du
17 mai 1819 protége la défense écrite, et que l'impression
est sans danger pour l'imprimeur. Pour témoigner de ma
modération, j'offrais de borner le tirage de mon Mémoire à
mille exemplaires, à cent même, si M. le Procureur général
l'exigeait. J'avais tort d'offrir ainsi un rabais sur le privilége de
la défense : le droit est entier de sa nature, et veut être soutenu intégralement. M. Chaix-d'Est-Ange me le fit sentir : —
« Je me garderai bien, me dit-il, de vous donner une pareille
déclaration, encore moins de vous fixer un nombre. Vous
avez votre droit, comme nous avons le nôtre. D'ailleurs, le
Parquet n'est pas seul ; la Cour a aussi son initiative. A vous
de vous consulter et d'agir, à vos risques et périls. »

Donc, refus net. Je n'eusse pas demandé mieux, en effet,
que de me *risquer,* si j'avais trouvé un imprimeur qui voulût
se risquer avec moi. Mais point : force m'a été de venir à
Bruxelles.

Et maintenant que me voilà imprimé en bons et beaux caractères belges, je ne suis guère plus avancé pour cela. Le Ministre de l'Intérieur, aujourd'hui M. Delangle, de qui dépend l'entrée en France de mon Mémoire, a aussi son *initiative*; il se peut qu'il juge la distribution de mon imprimé inopportune, d'autant plus que, par cette distribution, j'aurais l'air de me placer sous la sauvegarde de l'opinion : chose tout à fait dans l'esprit et selon les principes de notre droit public, mais qui, sous le régime d'autorité qu'on travaille à sous-introduire, constitue une sorte d'atteinte à l'omnipotence judiciaire. Le ministre accordera-t-il au respect de l'opinion l'autorisation que je demande? Je l'espère, car il faut bien que cet arbitraire ait un terme : mais je n'en suis pas sûr; j'ai même des raisons particulières d'en douter.

Il y a deux mois, je fis venir, de Belgique à Paris, par l'entremise de la douane, soixante et quinze exemplaires d'un opuscule que j'avais publié, cinq ans auparavant, à Bruxelles. A leur arrivée à Paris, bien qu'il ne fût question dans cet opuscule que de métaphysique, bien qu'une première expédition, en 1853, eût été déjà autorisée, les soixante et quinze exemplaires furent saisis, et quand je me présentai pour les réclamer, il me fut répondu, de la part du ministre : « Qu'à l'égard des livres introduits en France (non pas, remarquez ceci, par contrebande, mais sous le couvert et la foi de la douane), le Gouvernement se réservait, soit de les livrer au destinataire, soit de les renvoyer aux expéditeurs, soit enfin de les lacérer et jeter au pilon. » Ce dernier parti, à propos d'un opuscule de philosophie où le gouvernement n'est pas attaqué, était tout simplement une violation de la foi publique et du droit des gens : c'est celui qui fut adopté pour mes soixante et quinze brochures métaphysiques.

Ainsi, avant que je distribue mon Mémoire à mes amis et à mes juges, il faut que je le soumette à l'acceptation du Ministre de l'Intérieur, sans préjudice des poursuites à exercer par le parquet et de l'animadversion de la Cour : est-il clair après cela, que les jugements, dits de presse, sont tout uniment des actes de haute police?

Ainsi, pour les écrivains que l'administration défère aux tribunaux, le jury étant supprimé, la procédure de 1819 supprimée, le compte rendu supprimé, le mémoire, au besoin, supprimé, nous voilà revenus à la procédure secrète : est-il clair, malgré l'ostentation des discours impériaux, que l'*esprit humain*, en France, est mis hors la loi?

Voilà ce qu'est devenue, dans notre pays, la législation sur la presse ; voilà par suite ce qu'est devenue la liberté d'écrire ; et comme tout se tient, voilà ce que sont devenues toutes nos libertés. On peut juger de l'ensemble par la partie, *ab unâ disce omnes*. Dans toutes les sphères du gouvernement, qu'il s'agisse de l'organisation électorale ou municipale, du Corps législatif, des travaux publics, du régime des journaux, etc., c'est toujours le même et perpétuel oubli des principes, les mêmes dérogations au droit commun, la même incohérence dans les lois, les mêmes contradictions, le même arbitraire.

Le public, qui ne sait pas examiner à fond les choses, à qui d'ailleurs le temps et les lumières manquent pour cela, s'imagine que le despotisme n'est qu'une restriction de la liberté. Et comme il se dit que les restrictions dont la liberté est l'objet sont l'effet de circonstances exceptionnelles, temporaires ; comme en tout cas la liberté l'intéresse, et cela à juste titre, moins que la conscience, le public se résigne. Mais que penserait-il si je venais à lui démontrer, point par point, que tout régime de commandement pur, tel qu'est celui que nous subissons, fait bien autre chose que restreindre la liberté, qu'il se résout en une pratique constante, systématique, de l'injustice?... J'en viendrai là quelque jour : pour le moment, je me tiens à mon affaire.

Deux mots à présent sur mon travail.

J'ai écrit ce Mémoire comme je l'aurais écrit, je ne dirai pas sous la République, suspecte de licence, mais sous le règne d'ordre de Louis-Philippe, avec tout le respect que commande la Justice, mais aussi avec toute la liberté d'un citoyen qui se sait le pair de ses juges, qui dans les fonctionnaires de l'état ne voit que ses mandataires, et qui sent son droit.

J'ai cru qu'au moment où je revendiquais, pour ma justification, le bénéfice des principes rappelés en tête de la Constitution impériale, il convenait que j'usasse, pour l'expression de ma pensée, et sans égard à la prostration dans laquelle sont tombés les esprits, de la franchise que ces principes m'accordent, et j'en ai usé. J'ai fait comme le propriétaire troublé dans sa jouissance, et qui, tout en exhibant son titre, fait acte de propriété : j'ai fait acte d'homme libre et de citoyen.

Qu'ai-je voulu d'ailleurs par cette liberté, j'ose dire décente autant que généreuse ? Je ne m'en cache pas : donner l'exemple aux autres, et barrer le chemin au despotisme, en le forçant, au nom de ses propres principes, de déposer son masque de légalité.

La Constitution de 1852, art. 1ᵉʳ, « reconnaît, confirme « et garantit les grands PRINCIPES proclamés en 1789, et « qui sont la base du droit public des Français. »

Si la Constitution est établie, comme elle le dit, sur des *principes*, elle forme un tout régulier, un édifice harmonique, qui n'emprunte rién à la raison du prince, dont toutes les parties sont coordonnées sur des *principes*, l'interprétation réglée par des *principes*, l'application dirigée en vue de *principes*. Il n'y a pas, dans une semblable constitution, de stipulations en dehors des *principes*, pas de cas réservés, pas de solutions de continuité, pas de fissures par où puisse se glisser l'arbitraire. Tout cela est impliqué dans la notion de *principe;* la raison universelle le veut, et depuis soixante et dix ans le travail des législateurs a tendu à s'y conformer.

Si la Constitution est établie sur des *principes*, elle ne peut pas elle-même déroger à ces *principes;* et tout ce qui, dans la Constitution, à plus forte raison dans les décrets impériaux, sénatus-consultes, lois et ordonnances ayant pour objet de régler la marche de la Constitution, tout ce qui dans les jugements des tribunaux, arrêts des cours, etc., est en contradiction avec les *principes*, tout cela est nul de plein droit, œuvre de mensonge, qui ne peut recevoir son application que par la force.

Si la Constitution est établie sur des *principes*, au rebours de l'ancienne Constitution monarchique qui était établie sur la foi, l'autorité, qu'on invoque sans cesse dans nos assemblées politiques et nos tribunaux; la raison d'état, que de graves jurisconsultes n'ont pas honte, dans l'administration et la justice, de substituer au droit, ne signifient rien : c'est de l'immoralité. Il faut s'en tenir aux *principes*, à leur déduction logique, hors de laquelle il n'y a qu'abus, concussion du fonctionnaire, prévarication du juge et tyrannie du gouvernement.

Plaidant contre l'Église, dont l'établissement repose, comme chacun sait, sur autre chose que sur des *principes*; contre l'Église, qui ne reconnaît aux peuples ni droits politiques ni droits économiques, et pour qui le règne de la liberté est le règne du démon; contre l'Église, qui par sa théologie a perverti la morale, et dont l'influence occulte fait trébucher la raison des magistrats; forcé de m'expliquer devant des juges, honorables sans nul doute, mais soumis à la pression du pouvoir, et plus habitués à appliquer la lettre des lois qu'à remonter aux *principes* : j'ai dû, pour ma défense, faire ce que ni la Cour, ni le Ministère public, en une cause pareille, n'eussent fait de leur propre mouvement pour personne, exposer les *principes* et en développer l'économie. Ce n'est pas ma faute, si ma défense a pris quelquefois l'apparence d'une leçon.

Non, à moins de nier les *principes*, il n'y a pas de Cour en France capable de donner un semblant de légalité à ma condamnation; il n'y a pas de parquet, si fécond en rubriques que le rende sa dévotion à l'Église et à César, d'où puisse sortir une réfutation de ce Mémoire. Aussi ma crainte n'est-elle pas de reparaître devant la Justice, quelque menaçante qu'un premier jugement et une confirmation me l'aient faite; ma crainte est que le public, de qui toute justice comme toute souveraineté émane, ne puisse obtenir du ministre la permission de me lire.

Les *principes*, telle est la pensée qui a présidé à la rédaction de ce Mémoire : c'est dans la même pensée que nous devons aujourd'hui tous ensemble formuler la revendication de nos libertés et de nos droits. J'aurais pu, tout en me défendant, user de récrimination, exercer des représailles, reprocher, dénoncer, accuser ; ni l'occasion, ni le motif, ni la matière ne me faisaient faute. J'ai écarté ces hors-d'œuvre ; je me suis tenu constamment sur la défensive, ne voulant devoir ma justification qu'aux *principes* : c'est aussi par les *principes*, non par des déclamations vaines, que nous ferons cesser cet état de choses honteux, dont la cause première a été notre propre infidélité aux *principes*.

Appuyé donc sur les *principes* de 89, sur la législation de 1849 et la constitution de 1852, je veux, pour ma défense écrite, pleine liberté et pleine publicité : sinon, non, comme disaient les cortès d'Aragon au roi d'Espagne.

Je veux, puisque les amis de l'Empire nous bercent continuellement de l'espoir de la liberté, que le procès fait à mon livre serve du moins à faire juger des véritables intentions du gouvernement. Le décret du 17 février 1852 a aboli le compte rendu des journaux : je ne demande pas que la Cour se départisse en ma faveur de l'observation de ce décret, bien qu'il soit une violation du droit commun. Mais aucune loi ne s'oppose à la publicité de la défense écrite : c'est cette publicité, implicitement garantie par la loi de 1819, que je réclame. L'interdiction de mon Mémoire ou sa saisie ne pouvant résulter que du bon plaisir, ni s'expliquer que par des considérations extra-juridiques, le gouvernement confesserait ainsi son mépris des *principes ;* il avouerait que les *principes,* c'est-à-dire la raison, la justice, la morale, l'opinion, sont pour lui, comme la corruption elle-même, des instruments de règne : nous saurions à quoi nous en tenir définitivement sur la pensée secrète de l'Empire et sur le but de sa politique.

APPEL

DU JUGEMENT RENDU PAR LE TRIBUNAL DE POLICE CORRECTIONNELLE

DE LA SEINE,

LE 2 JUIN 1858.

Le 22 avril dernier, il parut chez Garnier frères, libraires à Paris, un ouvrage ayant pour titre : *De la Justice dans la Révolution et dans l'Église, Nouveaux principes de philosophie pratique, adressés à Son Éminence monseigneur* MATHIEU, *cardinal-archevêque de Besançon,* par P.-J. PROUDHON, 3 vol. grand in-18, avec cette épigraphe tirée des Psaumes : *Misericordia et Veritas obviaverunt sibi; Justitia et Pax osculatæ sunt.*

Le 27 avril, ordre était donné par le parquet de saisir ledit ouvrage : la saisie fut exécutée le lendemain.

Du 22 au 27, en cinq jours, on n'avait certes pas eu le temps de lire 1,700 pages compactes, dont M. le procureur impérial de Cordoën et les avocats chargés de la défense déclarèrent tous, aux débats, avoir trouvé la lecture difficile : il eût fallu, pour cette lecture et pour un rapport raisonné, au moins six semaines. L'auteur y avait compté : Le public, s'était-il dit, lisant en même temps que le parquet, l'opinion aura le temps de se produire, et sa manifestation arrêtera la poursuite.....

Mais l'*Esprit souffle où il veut,* dit la Sagesse. Inspiré, je ne puis m'empêcher de le croire, par l'Église, le ministère public n'a plus aujourd'hui besoin d'un temps si long pour démasquer la pensée des sophistes, percer à jour leurs complots et confondre leurs doctrines. Puis donc que la cause n'a été appelée que le 2 juin, 35 jours après la saisie, et qu'après

35 jours de réflexion le ministère public a persisté dans ses réquisitions, il faut admettre qu'il avait pour cela des motifs graves : ce sont ces motifs que nous aurons à examiner.

A ce premier acte du parquet, l'auteur du livre incriminé répondit, le 11 mai suivant, par une *Pétition au Sénat*, fortement motivée, et demandant la révision du Concordat de 1802, en autres termes, un règlement à nouveau des rapports entre l'Église et l'État. Au fond, cette pétition n'était que la conséquence de l'ouvrage même.

Avant de formuler sa demande, l'auteur avait dû consulter, préparer l'opinion ; c'est dans ce but qu'il avait écrit son livre : les poursuites commencées par le ministère public l'obligèrent à saisir le Sénat, avant que le public lui-même le fût. Publiée le 17 mai, à 1,000 exemplaires, la *Pétition au Sénat* fut regardée par le ministère public comme une aggravation du délit ou des délits découverts dans le corps de l'ouvrage qui lui servait d'annexe, et saisie à son tour le 23.

Le 1er juin, instance de l'auteur auprès du Sénat par une seconde *Pétition*, déposée, comme la première, au secrétariat de la respectable assemblée, mais qui ne fut pas rendue publique, et dont il n'a pas même pu être donné lecture à l'audience. On la trouvera, ainsi que la première, dans le présent mémoire.

Le 2 juin, les deux procédures réunies, quatre accusés comparaissant à la barre, savoir, l'auteur, le libraire, l'imprimeur du livre et celui de la pétition, jugement du tribunal de police correctionnelle qui condamne : Proudhon à trois années d'emprisonnement, 4,000 francs d'amende, la suppression de son ouvrage; Garnier, libraire, à 1 mois de prison, 1,000 francs d'amende (1); Bourdier, imprimeur, à 15 jours de prison, 1,000 francs d'amende ; Bry, imprimeur, à 15 jours de prison et 200 francs d'amende.

---

(1) Au moment de mettre sous presse, j'apprends que le ministère public a appelé, *à minimâ*, de la condamnation de Garnier, et que la peine de celui-ci a été élevée par la cour à 4 mois de prison et 4,000 fr. d'amende.

Le public a trouvé excessive la condamnation de l'auteur. Mais, si l'on réfléchit que les délits relevés par l'accusation tant dans la pétition que dans le livre étaient au nombre de *sept;* qu'en sa qualité de récidiviste, l'auteur, une fois déclaré coupable, et sans circonstances atténuantes, ne pouvait être condamné à une peine moindre que le *maximum;* qu'ainsi, selon la nature des délits reconnus par le tribunal, la condamnation pouvait aller jusqu'à dix ans de prison et 12,000 francs d'amende; si, dis-je, on réfléchit sur cet ensemble de considérations, et si l'on fait attention au temps, au milieu, au point de vue où les juges se trouvaient fatalement placés, on conviendra peut-être que le tribunal a fait encore preuve d'indulgence, et pour ma part je le remercie.

Oui, et je le dis avec franchise : tout appelant que je sois, tout convaincu, je ne dis pas même de l'innocence de mes intentions, mais du droit que j'avais d'écrire les choses qu'on me reproche d'avoir écrites, et de les écrire comme je les ai écrites, je ne crois pas avoir à me plaindre de mes juges. J'ai trouvé le magistrat instructeur, M. Rohault de Fleury, malgré son impassibilité arrêtée, plein d'égards pour ma personne; je rends hommage à l'esprit ironique de l'honorable président de la 6ᵉ chambre, M. Berthelin, qui, tout en exerçant sur la défense une pression par trop discrétionnaire, s'est efforcé d'être courtois et gracieux autant qu'homme du monde; j'ai été touché, plus que je ne saurais dire, de la modération d'expressions que M. de Cordoën, procureur impérial, a mise dans son réquisitoire.

Il n'y a pas, je le sais par expérience, d'antipathie plus profonde parmi les hommes que celle que soulève, en une âme religieuse, l'idée de l'athéisme. Ne marchandons pas avec les mots : pour M. de Cordoën, je suis un athée. Mais il m'est doux de le reconnaître : la charité de son âme, passant dans sa voix, tempérant sa parole, a été au niveau de sa piété, au niveau de l'horreur que lui inspire mon défaut de religion. Et ce m'est aussi un argument de plus en faveur de mon système : lorsque au-dessus du croyant je ne cesse de trouver l'homme, comment veut-on que devant cette suprématie du sentiment humain je me préoccupe des influences surnaturelles?...

Ce dont je me plains, c'est de la fatalité de l'époque, qui ne permettait pas à des juges encore chrétiens, jugeant une philosophie non chrétienne, de voir les choses autrement qu'avec les préconceptions et les habitudes de leur entendement chrétien; c'est de cette illusion invincible, qui, par le plus pitoyable des sophismes, leur faisant identifier la cause de l'Église avec celle de la justice, les plaçait, en face d'un système auquel la séparation de la justice et de la religion sert de base, dans une sorte d'incapacité morale et intellectuelle. Ce dont je me plains, en un mot, c'est que, par suite de la confusion déplorable, érigée par le président en principe, de la morale publique et de la morale religieuse, il ne nous ait pas été permis, à mon compatriote et ami Me Gustave CHAUDEY et à moi, de présenter la défense du livre telle que nous l'avions préparée, telle que seulement elle pouvait répondre à l'accusation, telle enfin qu'elle eût paru digne de la cause et de la majesté du tribunal.

On avait cru pouvoir présumer, d'après le contenu de l'ouvrage et la résolution connue de l'auteur, ce que serait la défense, une manifestation audacieuse des idées les plus réprouvées et une charge à fond de train contre l'Église; et l'on s'était promis de mettre un frein à ce débordement. C'est ainsi qu'on a cru pouvoir, sans nuire à la liberté de la défense, et malgré les protestations persévérantes de l'avocat, resserrer les plaidoiries dans le cercle étroit où il avait plu à l'accusation de se renfermer, et où il était impossible à la défense de se mouvoir.

Il est résulté de là que si la cause a été jugée, elle n'a pas été plaidée : car je ne puis appeler plaidoyer les fragments d'argumentation auxquels l'intolérance de l'honorable président a fini par réduire la défense, et quoique je vienne en appel, la justice est encore à savoir le premier mot de la cause.

Que mes premiers juges me le pardonnent : leurs appréhensions, très-respectables en elles-mêmes, les ont trompés.

Tout ce que nous voulions, mon défenseur et moi, en reprenant la question d'un peu plus haut que n'avait fait le ministère public, c'était de présenter des considérations de droit pur, desquelles, indépendamment de l'irréprochabilité des passages incriminés, nous eussions fait ressortir l'irrégularité de l'accusation et la monstruosité du procès.

Ce qu'une sorte de terreur religieuse nous a empêchés de dire, j'essaie donc aujourd'hui de l'écrire ; et puisse la Cour m'entourer de la même bonne volonté que j'ai rencontrée en première instance ! Je ne doute point alors que, mieux éclairée que n'a pu l'être le tribunal, elle ne recule devant une condamnation dont les conséquences ne tendraient à rien de moins qu'à nier la légitimité de la Révolution tout entière, et à ébranler notre Constitution sociale.

Les délits qui me sont imputés dans l'assignation sont au nombre de sept :

1. Outrage à la morale publique et religieuse ;
2. Attaque aux droits de la famille ;
3. Apologie de faits qualifiés crimes ou délits ;
4. Manque de respect aux lois ;
5. Trouble à la paix publique, par l'excitation des citoyens au mépris et à la haine les uns des autres ;
6. Propagation faite de mauvaise foi de fausses nouvelles ;
7. Outrage et dérision d'une religion reconnue par l'État.

De ces sept délits, le 2ᵉ a été abandonné à l'audience par le ministère public, le 7ᵉ écarté par le tribunal. Mais rien n'empêche l'accusation de les reproduire devant la Cour : et comme ils n'ont ni plus ni moins de fondement que les autres, je ne vois point, en vérité, pourquoi elle ne les reproduirait pas.

A cette accusation si compliquée, si grave, je réponds, en me plaçant sur le terrain et dans la lettre de l'accusation :

a) Que de tous ces délits, le 1ᵉʳ et le 7ᵉ, *outrage à la morale*, et *outrage à la religion*, formant ce que je prendrai la liberté d'appeler le PRINCIPAL du réquisitoire, et qui d'ailleurs rentrent l'un dans l'autre, résultent uniquement d'une fausse qualification ; je veux dire par là qu'en supposant dans les passages incriminés l'existence d'un délit, ce délit serait autre que celui que les premiers juges, égarés par leur optique intellectuelle, ont aperçu.

b) Quant aux délits n°s 2, 3, 4, 5, 6, formant ce que j'appelle l'*accessoire* de l'accusation, je dis que ces cinq délits ont encore moins de réalité que les deux premiers, étant eux-mêmes le produit tant de la fausse qualification qui a fait imaginer ceux-là, que d'une interprétation tout à fait erronée, pour ne pas dire arbitraire, des passages.

c) J'ajoute que dans le cas même où l'accusation aurait saisi le véritable délit dont la publication du livre *De la Justice dans la Révolution et dans l'Église* pouvait fournir le prétexte, et dans le cas où ce délit serait possible, et dans celui où il serait prouvé, la situation serait telle, dans l'espèce, que la répression de ce délit deviendrait impraticable, attendu qu'elle entraînerait fatalement, de la part des juges, excès de pouvoir : leur décision, quelle qu'elle fût, devant porter atteinte, soit aux *principes de* 89 invoqués en tête de la Constitution impériale, soit aux droits de l'Église reconnus par les lois de l'Empire. En sorte que, avant de faire justice, il y aurait lieu, pour la cour et le ministère public, d'attendre et même de provoquer une décision de l'autorité souveraine.

Voilà ce que, dans le champ clos des plaidoiries, et du point de vue des textes en vertu desquels on m'accuse, j'ai à répondre.

Mais disons-le tout de suite, et franchement :

Ce que l'on poursuit ici, sous les noms empruntés d'outrage à la morale et à la religion, d'attaque à la famille, de manque de respect aux lois, de trouble à la paix publique, de propagation de nouvelles fausses, etc.; ce qu'on tient à réprimer, c'est une dénonciation véhémente de l'Église catholique, organe principal de la pensée religieuse, et que l'auteur du livre *De la Justice* accuse d'être, dans sa doctrine et dans sa pratique, hors de la morale. Telle est la vraie pensée du procès. A cet égard, le ministère public et les premiers juges, par un phénomène de psychologie dont il sera rendu compte, ont pu se faire illusion, croire sincèrement que, lorsqu'ils n'étaient que les instruments de la vengeance ecclésiastique, ils protégeaient la morale et les lois. La conscience publique ne s'y est pas trompée ; le public n'a vu que l'Église ; et telle est la puissance de la vérité, que l'offense à l'Église, à peine déguisée sous les termes d'*outrage à la morale* et autres, est le seul délit qui ressorte des considérants du jugement.

C'est donc à l'Église, ou pour mieux dire à l'esprit de l'Église, encore présent dans notre société révolutionnée, que j'ai à faire ; c'est cet esprit que je veux, condamné ou absous, exorciser à jamais.

Il y a dix ans, lorsque j'avais l'honneur, pour moi sans pareil, de faire partie de la représentation nationale, quatre pétitions arrivèrent un jour, des quatre coins de la France, demandant mon expulsion de l'assemblée pour cause d'*athéisme*. L'un des plus modérés d'entre mes collègues, le citoyen Brillier, fut chargé de rapporter ces étranges pétitions. J'ignore ce que ce rapport est devenu.

Aujourd'hui, comme en 1848 et 1849, l'accusation d'athéisme pèse sur moi. — « Vous offensez notre morale « religieuse, me disait, dans une visite que j'eus l'honneur « de lui faire pour la publication de mon mémoire, M. le « procureur général Chaix-d'Est-Ange, quand vous préten- « dez que l'Église, alors qu'elle bénit les époux, ne sait « pas distinguer le mariage du concubinat. Attaquant la « morale religieuse, vous attaquez, *ipso facto,* la morale « publique, vous attaquez la famille, vous manquez au « respect de la loi, » etc.

Telle est la confusion qui, à tous les degrés de la hiérarchie judiciaire, obsède les esprits. L'opposition à l'Église, la dénégation de la foi chrétienne, est regardée comme un indice d'immoralité. En dernière analyse, c'est toujours un ennemi de l'ordre et de la propriété, un malfaiteur, qu'on croit frapper dans un *ennemi de Dieu.* Rien ne me sert de protester contre cette induction absurde, contraire à tous les principes de notre société. On me répond, comme Caïphe à Jésus-Christ : Oui, vous outragez la morale en attaquant nos traditions; qu'avons-nous besoin d'autres preuves que de vos propres blasphèmes? *Quid adhuc egemus testibus? Ecce nunc audistis blasphemium.*

Il est temps d'en finir avec ce zélotisme suranné. Que je sois véritablement, comme on le dit, ou que je ne sois pas athée, c'est le secret de ma conscience ; ce qui est sûr, au moins, c'est qu'aux termes de nos lois et constitutions j'ai le droit de l'être ; j'ai le droit, dis-je, d'être honnête homme sans croire en Dieu, en refaisant mon âme à l'image de ce législateur idéal qui s'appelle chez nous la Révolution. Calomniez tant qu'il vous plaira : vous ne parviendrez pas aujourd'hui à faire croire que le citoyen qui, fidèle aux principes de cette Révolution, cherche, en dehors des idées religieuses, les fondements et la démonstration de la morale, qui de ce point de vue élevé ose juger l'Église et censurer l'Évangile, puisse être assimilé au libertin pour qui le sacrilége est l'assaisonnement de l'immoralité.

PRINCIPES DE CRITIQUE A SUIVRE DANS LE DÉBAT ; FAITS GÉNÉRAUX QUI LE DOMINENT.

I. Dans tous les temps et chez tous les peuples, le sens commun a distingué l'une de l'autre la *Religion* et la *Morale*. Bien qu'elles émanent d'une source commune, qui est la conscience, elles ne sont pas pour cela choses identiques, et les expressions qui servent à les désigner ne sont pas non plus synonymes.

La religion, une comme la parole, malgré la diversité innombrable de ses formes, se résout dans le *Respect de la Divinité*.

La morale, une aussi, malgré la variété non moins grande de ses institutions, se résout dans la Justice, c'est-à-dire dans le *Respect de la dignité humaine*.

La notion commune de *Respect*, abstraction faite du sujet auquel le respect s'adresse, est donc le rapport fondamental qui unit, là où elles se montrent unies, la Religion et la Morale. C'est par là qu'elles se rendent mutuellement témoignage : rien ne donnant une plus haute idée de la dignité de l'homme que le rapport qu'il conçoit entre lui et l'Être divin ; comme aussi rien ne montrant mieux la haute valeur de l'idée religieuse que d'en avoir fait la sanction de la Justice.

Mais prenons garde.

Toute conception de l'absolu, par cela même qu'elle est une conception de l'absolu, porte en soi une contradiction. En raison de l'efficacité sanctionnelle qui lui est attribuée, la Religion, le respect des dieux, prime la Justice, qui n'est que le respect de l'homme. Le culte tend par conséquent à subordonner le droit ; le ministre de l'Église à prendre le pas sur le magistrat ; la religion à suppléer, à supplanter la morale. Or, comme la conscience humaine ne saurait s'abdiquer, il y a réaction du sens moral contre le sentiment religieux qui l'amoindrit, et l'on voit la Justice, le respect de l'humanité, après avoir, pendant de longs siècles, grandi sous l'aile de la religion, tendre de son côté à s'en séparer, chercher sa constitution dans l'indépendance de sa nature, et revendiquer pour elle seule l'honneur rendu auparavant à la Divinité.

Telle est donc l'évolution, religioso-juridique, dont un de nos plus savants philologues a donné la formule :

« La Religion sera d'abord un culte sans morale ; plus tard une morale seulement, avec ou sans culte. » (BERGMANN, *Les Scythes*, in-8°, Colmar, 1858.)

C'est-à-dire que, la Justice n'empruntant plus rien à la foi et au culte, la religion aura passé tout entière dans le Droit ; le respect de Dieu sera devenu identique au respect de l'homme ; en termes plus simples, il n'y aura plus de religion.

L'histoire des sociétés, considérée à ce point de vue du développement du sens moral, n'est autre chose que la manifestation de cette loi.

Que Messieurs de la Cour me suivent sans crainte : je n'affligerai pas leur piété. Je sais que je n'ai pas de conversion à opérer parmi eux, et je ne me permettrais pas de chercher à les éblouir par des paradoxes. Tout ce que je demande en ce moment, est de pouvoir exprimer librement comment j'ai été conduit à cette foi révolutionnaire que j'oppose à la foi de l'Église ; comment et dans quelle pensée j'ai conçu mon livre ; comment, en publiant ce livre tel qu'il est, j'ai cru exercer un droit et accomplir un devoir.

II. Parcourons, d'un regard rapide, l'histoire parallèle de la religion et de la morale.

La Religion apparaît d'abord comme fétichiste, ou plutôt zoomorphiste ; c'est-à-dire qu'elle conçoit son Dieu comme une essence vivante, quel que soit d'ailleurs le symbole extérieur, arbre, pierre, fontaine, étoile, taureau, serpent, etc., de la Divinité. Dans cet état, la Religion se réduit à une superstition grossière, presque entièrement dénuée de moralité, et contre laquelle, pour cette raison, s'insurgent à la fin les initiateurs du droit, premiers fondateurs des sociétés.

Les conséquences immorales du zoomorphisme apparaissent notamment dans la bestialité, pratiquée en Égypte comme acte religieux, et réprouvée par Moïse : *Qui coierit cum jumento morietur ;* dans le viol, l'anthropophagie, la promiscuité, proscrites par Orphée et Abraham.

Le fétichisme passe donc, vaincu par la Justice.

Mais, en sortant de l'immoralité zoomorphiste, l'homme ne cesse pas pour cela d'être religieux ; il se contente d'élever son idéal ; il fait son Dieu semblable à lui ; en autres termes, du fétichisme ou zoomorphisme la Religion passe à l'anthropomorphisme, dont le premier degré est le polythéisme.

Sous cette forme nouvelle, la Religion se moralise ; elle est la morale même, placée sous la protection des dieux, dieux de la patrie, dieux de la famille, dieux du foyer, dieux de la propriété, etc.

Et la patrie, la cité, l'État, enfin nommés, s'organisent par un pacte divin (berith, διαθηκη, *testamentum*, *fœdus*) ; la civi-. lisation, unie, pour ainsi dire, conjugalement à Dieu, se met en marche.

Puis de nouveau, après des siècles, la Religion, d'abord sainte et pure autant que poétique, reparaît immorale : il en est d'elle comme de l'année sothiaque, qui, découverte la première par les observateurs Égyptiens, mais trop courte de six heures, se trouvait au bout de 1460 ans avoir fait rétrograder le calendrier d'une révolution entière du soleil. En effet, l'Humanité avançant toujours dans la connaissance de la vérité et du droit, tandis que la Religion demeure stationnaire comme son idéal, celle-ci semble peu à peu rétrograder, et redevenir ce qu'elle était à l'origine, immorale.

Les immoralités du polythéisme ont été dénoncées avec force par les anciens philosophes, par les prophètes, les apôtres, les Pères de l'Église. Le plus illustre martyr de cette lutte contre le paganisme fut Socrate. Les faits qui la motivèrent furent entre autres : l'esclavage, l'antagonisme des races et des castes, les prostitutions sacrées, la pédérastie, les sacrifices humains, la divinisation de tous les vices.

L'ancien monothéisme, forme la plus élevée de l'anthropomorphisme, est dénoncé lui-même comme immoral par Jésus-Christ, qui toutefois, par respect pour Moïse, se contente d'accuser les *traditions* pharisaïques, cause, selon lui, de tout le mal (SAINT MATTHIEU, ch. V et suiv., XV, etc.). Mais il est aisé de voir que ces *traditions* ne sont autre chose que la déduction logique, rigoureuse, du dogme antique, appliqué à une civilisation qui l'avait dépassé : aussi le réformateur, après avoir attaqué l'enseignement officiel, pressé par ses adversaires qui lui opposent les textes de la loi, finit-il par dire que cela fut ainsi réglé autrefois à raison de la *dureté de cerveau* et de l'*impureté de cœur* des Israélites ! Qu'on me permette une citation.

Les Pharisiens se posaient cette question : S'il est permis à un homme qui a fait serment par Jéhovah de ne pas fournir d'aliments à son vieux père (*munus quodcumque ex me tibi prosit*, ce que je te donnerai te serve !), de se parjurer ?

Et ils décidaient doctoralement que non ; que Dieu étant infiniment élevé au-dessus de l'homme, le serment par Jéhovah, même pour une chose injuste, devait l'emporter sur la crainte du parricide. Jésus soutient au contraire qu'une semblable religion est immorale et fausse : ce qui, au tribunal de la conscience, est de toute certitude. Mais, objectent les Pharisiens, Jésus croit à Dieu, puisqu'il se dit son fils et son messie : comment alors accorde-t-il le respect de Dieu avec le respect de l'homme? Comment, après avoir écarté le parricide, sauve-t-il l'honneur de Jéhovah? C'est ce que nous allons voir.

III. Condamnés pour leur immoralité native, que rendait de plus en plus flagrante le progrès des lumières et du droit, le polythéisme, le mosaïsme et tous les anciens cultes, devaient céder la place à une religion plus morale, puisque l'homme, tout en revendiquant son droit contre ses dieux, n'en était pas encore à s'abstenir de toute religion.

Ce culte nouveau, régénérateur, ou pour mieux dire, régénéré, fut le christianisme. Qu'est-ce que le Christ? Un *médiateur*, incarné de l'Esprit saint, Dieu et homme tout ensemble, dont la double nature sera la sauvegarde de l'honorabilité divine et de l'honorabilité humaine.

Le Christianisme, en un mot, entre la Divinité et l'Humanité devenues antagoniques, fut une transaction, une fusion.

Telle fut la solution du problème si énergiquement posé par l'école pharisaïque. — Dieu, dit le Galiléen, est trop haut ; comparé à lui, l'homme est un ver de terre ; et la Justice dans une pareille religion reste écrasée. Il faut un moyen terme, dans la personne duquel Dieu et l'homme réunis ne puissent plus se séparer. Et voilà comment Jésus réfute l'argument des Pharisiens relatif au serment : Je suis le Dieu fait homme, leur dit-il. Celui qui refuse des aliments à son père est coupable de parricide envers moi-même, c'est-à-dire envers Dieu, ce qui est pire que de se rendre coupable envers lui de simple parjure. Votre décision pèche donc par la base ; votre religion tombe.

N'est-ce pas toujours la même pensée, qui régit tour à tour le fétichisme, le polythéisme et le christianisme? Plus la religion s'approche de l'Humanité, plus elle se moralise; elle sera parfaite quand elle sera devenue identique et adéquate à la loi de l'humanité; quand, au lieu d'adorer l'homme-dieu, nous cultiverons l'homme pur... Tel est le résumé de quarante siècles d'histoire et de milliers de volumes écrits sur les dieux.

Mais, dites-vous, qui donc empêche la religion, devenue chrétienne, semi-humaine, de marcher désormais du même pas que la Justice? Comment, par cet admirable mystère de la double nature du Christ, la religion ne deviendrait-elle pas incessamment et de plus en plus morale, ce qui implique cette conséquence, prévue par le Christ et ses apôtres, que le christianisme deviendra avec le temps la seule religion de la terre, et que sa durée n'aura pas de fin, *cujus regni non erit finis?* Quelle nécessité de changer encore et de rompre cette union si belle de la nature divine et de la nature humaine?

Ah! puisse-t-il ici ne m'échapper aucune parole de blasphème. C'est que dans le Christ, l'homme seul avance, tandis que le Dieu reste immobile; c'est que la théologie ayant consacré cet immobilisme, il y a fatalement, et quoi que dise le théologien, scission dans la volonté du Verbe; par suite, scission dans la croyance; finalement, scission dans le troupeau.

Laissons la symbolique : venons aux faits.

IV. Tous les écrivains les plus illustres de notre époque, ceux mêmes qui furent les colonnes de la chrétienté défaillante, ont signalé cette double et mystérieuse tendance, qui entraîne dans des directions opposées la société et l'Église.

De Maistre le premier : pour cet illuminé, la Révolution est une *œuvre satanique,* une conspiration des puissances infernales contre le règne de l'Homme-Dieu. Mais la séduction, assure-t-il, ne sera que passagère; la tête du serpent sera écrasée; la foi du Christ triomphera de la philosophie; l'Église, purifiée par la persécution, se relèvera plus glorieuse, et les fils de saint Louis remonteront, pour n'en plus descendre, sur le trône de leurs pères. Un moment la Restauration sembla justifier la prophétie de De Maistre : trente années depuis écoulées n'ont cessé d'aggraver le mal.

L'auteur du *Génie du Christianisme* est bien moins rassuré que celui des *Soirées de Saint-Pétersbourg*. Le doute s'est emparé de son âme; il pleure sur Jérusalem, sans espérer qu'elle se convertisse; sa seule consolation, dans sa tristesse, est de se regarder comme le dernier des royalistes et le dernier des chrétiens. Parfois un souffle révolutionnaire passe sur son visage : mais l'avenir est ténébreux; il préfère à l'honneur de célébrer, comme Virgile, le siècle nouveau, celui de fermer une ère qui ne se renouvellera plus.

Après De Maistre et Châteaubriand, paraissent les observateurs impassibles, dont la raison froide calcule l'intensité et les progrès du phénomène.

« De nos jours, dit M. Guizot, par le cours des événements, par des fautes réciproques, la religion et la société ont cessé de se comprendre et de marcher parallèlement. Les idées, les sentiments, les intérêts qui prévalent maintenant dans la vie temporelle, ont été, sont, chaque jour, réprouvés, condamnés, au nom des sentiments, des idées, des intérêts de la vie éternelle. La religion prononce anathème sur le monde nouveau et s'en tient séparée; le monde est près d'accepter l'anathème et la séparation. » (Extrait de la *Revue française*.)

Ce que M. Guizot, dans sa sagesse de doctrinaire, attribue à *des fautes réciproques*, au *cours* mal dirigé *des événements*, est, selon moi, l'effet de la nécessité même des choses. Après dix-huit siècles d'agitations et de déchirements, la Religion chrétienne est déclarée à son tour, par la Révolution française, insuffisante quant à la morale, et la Justice affranchie de tout auxiliaire théologique, à peine de corruption.

M. Demogeot, dans son *Histoire de la littérature française*, ouvrage adopté par l'Université et couronné par l'Académie, n'hésite pas à faire de cet affranchissement de la Justice la condition de la société nouvelle.

« La création de la société nouvelle, dit-il (page 258), de la société politique et laïque, ne pourra se faire que sous l'influence de l'idée antique d'une morale universelle, indépendante

des formes particulières du culte et héritière de la tradition générale du genre humain. »

Il est certain que les premiers qui philosophèrent sur les
mœurs essayèrent de constituer la morale en dehors de la
foi, de même qu'ils essayaient d'expliquer le monde en dehors
des légendes cosmogoniques. Mais ce ne fut qu'une spéculation isolée, dont la Révolution française put seule faire
une réalité sociale, en rejetant de son programme toute
idée de culte public et de religion d'État, c'est-à-dire précisément en se séparant de la *tradition générale du genre
humain*. L'indépendance de la morale n'est point, dans le
genre humain, un *héritage*, comme le dit M. Demogeot ;
c'est une *conquête*.

Voici enfin la trompette révolutionnaire, plus terrible que
celle du dernier jugement, qui sonne le glas de l'Église :

... « Personne ne doute de la puissance de Voltaire ou de la
force de Rousseau ; nul n'ose affirmer que les idées proclamées
par les Encyclopédistes ne puissent tenir en échec tous les politiques de l'ancienne société ; aucun homme ne conteste la rébellion
de l'industrie et de la science contre l'Europe théologique et féodale. Pas une émeute, pas une bataille, pas un traité, qui ne soient
une tentative, une épreuve, une trève ou un accident de cette guerre
impitoyable de la justice philosophique contre celle des religions.
« Aussi quels sont les premiers actes de la Révolution en 1789 ?
Elle s'acharne contre le droit divin de Louis XVI, qu'elle oblige
à prendre au sérieux ce titre de premier employé que Joseph II
s'attribuait en paroles ; elle le condamne à déposer le bilan de la
monarchie chrétienne devant les États-généraux, comme le gérant
d'une société anonyme ; elle fait disparaître les deux ordres du
clergé et de la noblesse, qui l'appuyaient au nom du Dieu de Charlemagne, et elle suscite enfin la grande négation de la forme répu-
blicaine, pour anéantir le passé de la France monarchique... Partout on renverse les autels, on confisque les biens des églises, on
abolit la noblesse, on proclame le culte unique de la Raison, l'*En-
cyclopédie* prend place au *Moniteur*, on propage l'unique révélation
de Voltaire, qui raille tous les dieux, ou celle de Rousseau, qui
leur impute l'asservissement universel. » (FERRARI, *Histoire des
révolutions d'Italie, ou Guelfes et Gibelins*, tome IV, page 475.)

Une sorte d'enthousiasme anti-chrétien possède le monde.

Quand nos soldats, armés soi-disant pour l'indépendance de la Turquie, mais en réalité pour arracher l'Orient à la domination des Russes schismatiques, montaient à l'assaut de Sébastopol, entonnaient-ils le psaume *Exaudiat?* Ils chantaient *la Marseillaise.*

Un fait analogue, que la *Gazette d'Augsbourg* signale comme des plus scandaleux, s'est passé à Ostrowo (duché de Posen), le 3 mai, jour anniversaire de la proclamation de la Constitution polonaise de 1791 :

« Les élèves d'un gymnase catholique ayant été conduits, ce jour-là comme les autres, à l'église, pour y entendre la messe, ont entonné, au milieu de l'office divin, au lieu du cantique religieux désigné par le professeur, un chant d'une autre espèce, probablement un chant politique, et l'ont chanté à si haute voix qu'ils ont couvert les sons de l'orgue et qu'il a fallu suspendre l'office. »

Signes du temps : de même que, il y a vingt siècles, la société marchait à l'élimination du paganisme, de même aujourd'hui elle semble marcher à l'élimination du Christianisme. Et sur quels faits, sur quels motifs s'appuie cette élimination révolutionnaire? Par quelle défection à la morale la religion du Christ a-t-elle mérité à son tour la colère des consciences ?

Le procès est maintenant instruit. La société et l'Église ne s'entendent plus; et c'est parce qu'elles ont cessé de s'entendre qu'a été faite la Révolution, Révolution dont l'objet, comme toujours, est de sauver la morale, compromise, dépravée par l'institution religieuse.

V. Les principes de droit que la Révolution reproche à l'Église de méconnaître, et qu'elle affirme, sont en grand nombre; bornons-nous à citer les suivants :

1. Immanence de la justice dans l'homme et le citoyen, et développement progressif du droit, en théorie et application, par la seule énergie de la conscience;

2. Égalité devant la loi, tendant à l'égalité des conditions sociales et au nivellement des fortunes;

3. Certitude de l'économie sociale, ou d'une science de la dis-

tribution du travail et de la richesse, d'après le double principe de la justice immanente et de l'égalité devant la loi ;

4. Souveraineté politique du peuple, et substitution, dans le Gouvernement, de la raison de droit à la raison d'Église et à la raison d'État ;

5. Théorie du mariage, considéré comme organe naturel de la justice, ayant pour effet de réaliser en la personne de la femme l'idée religieuse et d'affranchir l'amour de la volupté ;

6. Organisation de la raison publique, par la liberté de discussion et l'opposition des raisons individuelles ;

7. La sanction de la justice trouvée dans la justice même, devenue identique et adéquate au souverain bien.

8. *Disposition transitoire :* Tolérance universelle des cultes, abandonnés au libre arbitre de chacun, sous la condition expresse du respect aux droits, aux lois, aux institutions et aux principes de la Révolution.

Tel est le sommaire de la morale inaugurée parmi nous depuis soixante-dix ans, base de notre droit public et de notre morale privée, et que l'on peut considérer comme une déclaration de déchéance pour le Christianisme, dont la dogmatique et la discipline y répugnent, suivant nous autres révolutionnaires, essentiellement.

Par ces maximes, la Révolution s'est déclarée indépendante de toute hypothèse transcendantale, supérieure à toute foi mystique ; elle professe, selon la parole de Bergmann, *une morale sans culte.* Le fait n'est pas nouveau dans l'histoire : plus de 300 ans avant J.-C. le réformateur de la Chine, Confucius, entrait dans cette voie ; et si la nation chinoise, qui nous a devancés en tant de choses, semble finalement restée en arrière, cela a tenu à d'autres causes.

Ces maximes sont-elles fausses ? et quand nous nous glorifions de la sublimité de notre sentiment juridique, faut-il n'y voir qu'une suggestion de l'orgueil ? Alors il faut renverser toutes nos constitutions, effacer nos codes, revenir au *statu quo* de 1788, réintégrer ce système de *droit divin* et de suzeraineté ecclésiastique qui fit pendant quatorze siècles l'existence officielle de la France...

Au contraire, ai-je calomnié l'Église, en la supposant hostile à des principes qui seraient le plus pur de sa religion ?

Qu'elle le déclare; qu'elle signe cette profession de foi morale déjà admise, au moins implicitement, par tous les néo-chrétiens; et je renonce à mon appel, j'accepte avec joie, en réparation de l'injure que j'ai faite à l'Église, ma condamnation à trois années d'emprisonnement.

VI. Le principe du droit changé, tout change : état des personnes, rapport des intérêts, forme du gouvernement, politique, esprit public, philosophie, et jusqu'à la littérature. L'Être collectif se renouvelle de fond en comble, dans toutes ses facultés et manifestations; l'individu se régénère à son image. En faisant table rase, la Révolution a pris l'engagement de construire le monde à nouveau. Ce sera une œuvre de longue haleine, sans doute : le Christianisme ne s'est pas même achevé en dix-huit siècles.

Pour nous renfermer dans l'objet du procès, considérons la situation nouvelle faite à l'Église et à la pensée libre par la Révolution.

Jadis, l'Église était mère et maîtresse de la société; maintenant elle n'en est plus qu'un membre, je dirais presque un accident.

Par la foi du Christ, la société était enveloppée dans l'Église; c'est l'Église qui est enveloppée dans la société.

La morale publique ayant pour critère la morale religieuse, le chef spirituel de la société, son chef suprême par conséquent, était hors la nation, hors le pays, hors l'État : c'était le pape. Actuellement c'est la morale religieuse qui sera tenue de se régler sur la morale publique, en sorte que, le chef spirituel redevenant, comme dans les temps antiques, le même que le chef du temporel, l'évêque sera de fait subordonné au magistrat.

Autrefois, le prince recevait sa légitimité de sa fidélité aux lois de l'Église; il était censé tyran, s'il n'était orthodoxe; le pape, ou les évêques, qui lui avaient donné l'onction sainte, pouvaient l'excommunier et délier les sujets du serment de fidélité, donnant ainsi eux-mêmes le signal de l'insurrection. Aujourd'hui, le droit divin ne fait plus la légitimité du prince; ce n'est pas l'Église qui le sacre; il n'est plus qu'un simple magistrat, qui peut être jugé et condamné par le jury s'il forfait à la loi : que dis-je? ce qu'on appelait autrefois *prince* n'existe même plus, si ce n'est de nom, à titre de monument, ou comme style officiel.

L'Église perd même son droit de censure à l'égard de la libre pensée, puisque, dans la société nouvelle, la foi étant subordonnée à la raison et en subissant le contrôle, toute censure ecclésiastique d'un livre dont la publication est protégée par la loi peut donner lieu à un rappel à l'ordre de la part du magistrat. Objet de la recherche universelle, la science et la philosophie sont de droit public, d'institution sociale; elles ne dépendent plus des décisions d'un concile ni d'un vicariat divin, ni d'aucune révélation (1).

L'Église, enfin, jadis dépositaire de la doctrine, organe du droit, rectrice des mœurs, tient aujourd'hui son droit de la Révolution qui la protége, la subventionne, lui assure tolérance et même respect. L'Église est la justiciable de la Révolution; elle est son administrée; c'est un de ses établissements, établissement provisoire, si l'on veut, et précaire, mais établissement enfin qui, vu l'inconciliabilité des doctrines, n'a pas de raison d'être en dehors de l'autorisation révolutionnaire, en dehors du concordat.

L'interversion est complète : cela ressort encore davantage de la position nouvelle faite au philosophe.

VII. Dans la société antérieure à la Révolution, le philo-

---

(1) Un journal étranger, *le Nord*, parlant de M. Cousin, faisait observer qu'aucun ouvrage de ce philosophe n'avait été mis à *l'Index*. C'est d'abord un triste mérite pour un philosophe sorti de la Révolution, qui, dit-on, poussait jadis le sentiment révolutionnaire jusqu'à l'admiration de Marat, d'avoir si bien réussi à s'accorder avec le pape. Mais comment le pape, qui a signé le Concordat, et que nos soldats protégent seuls contre l'insurrection de ses sujets, se permet-il de mettre à *l'Index* des écrivains français? D'après la déclaration des droits, toute recherche philosophique, même quand elle aboutit à l'erreur, est digne d'encouragement; par conséquent, toute censure d'un livre français, par la Congrégation de *l'Index*, est une violation du Concordat, une insulte à la Révolution.

sophe, l'historien, le romancier, le poëte, pouvaient être légalement, constitutionnellement poursuivis pour leurs *principes* ; en sorte que l'écrivain, par le fait seul de sa pensée, était en contradiction avec la religion, c'est-à-dire en révolte ouverte contre la loi.

Socrate a beau protester, par sa mort héroïque, de son respect pour les lois. Sa philosophie ébranle la religion des dieux ; elle est la condamnation du régime établi ; peu importe qu'il ait raison, s'il n'a pas l'autorité : il faut qu'il meure. Cela est atroce ; mais, je le répète, cela est légal, constitutionnel, et en un sens, moral.

Jésus a beau protester aussi, devant Pilate, que son *royaume* n'est pas de l'ordre temporel, qu'il n'a rien à démêler avec César, dont il reconnaît l'empire. Sa doctrine est en contradiction avec celle des docteurs officiels, reconnus par César ; sa morale, déclarée par lui-même *complémentaire* de celle de Moïse, est une accusation envers Moïse ; en se plaçant au-dessus du temple, du sabbat, de la circoncision, il change la base de la société ; c'est un destructeur de la religion judaïque, protégée par César : il faut qu'il meure, *crucifigatur*.

Les apôtres ont beau dire, pour leur excuse, qu'*il vaut mieux obéir à Dieu qu'aux hommes*. Cette prétendue excuse est l'aveu même de leur révolte. Se flattent-ils de connaître mieux l'ordre de Dieu que les successeurs d'Aaron, Anne et Caïphe ? Qu'ils soient lapidés, décollés, sciés, crucifiés !

Tous les martyrs suivent cet exemple : ils subiront le même traitement, quitte à être vengés plus tard par l'Église, quand elle sera devenue la plus forte.

En effet, comme elle avait été persécutée, l'Église devient à son tour persécutrice ; la persécution qu'elle avait subie, pendant trois siècles, de la part des païens, elle la rend, pendant quinze siècles, aux libres penseurs.

Quelle nomenclature ! quelle file d'échafauds et de bûchers !... Oh ! je n'accuse pas plus l'Église du Christ que je n'accuse celle de Jupiter : tous ces martyrs, je les confonds dans le même amour ; leur sang, versé par toute la terre, fut le sang de l'alliance nouvelle, promulguée par la Révolution : *Hic est sanguis fœderis quod pepigerunt patres nostri, anno 1789.*

En 1762, J.-J. Rousseau publie l'*Emile*, un traité d'éducation et de morale. Le magistrat, chargé de veiller au respect de l'ordre établi, Omer Joly de Fleury, pouvait dire à J.-J. Rousseau :

« Nous sommes chrétiens ; nous n'existons que par le Christ : toute notre société est pénétrée de christianisme. La France est la *fille aînée* de l'Église. Le Roi s'honore d'être appelé *très-chrétien*. Notre monarchie est l'œuvre de l'épiscopat. Notre constitution politique, nos lois, nos mœurs, tout en nous découle de l'Évangile, des institutions de l'Église et de la régénération messianique. Or, votre livre est la négation de la divinité de Jésus-Christ, de l'autorité de la Bible et du droit divin. En renversant notre foi, par la négation que vous faites de la révélation, des miracles, de la chute de l'homme, de la rédemption du Christ, vous renversez notre société. Vous êtes coupable de félonie, de trahison à la foi publique, au premier chef. Votre livre sera brûlé par la main du bourreau, et vous, citoyen de Genève, qui payez l'hospitalité de la France en détruisant son contrat social, vous allez être mis à la Bastille... »

Qu'avait à répliquer Jean-Jacques ? La conclusion était affreuse ; mais l'argumentation est sans réplique, et Rousseau pouvait d'autant moins y répondre, qu'il était lui-même à moitié chrétien.

Je dis maintenant que la Révolution a aboli ce régime. Elle a voulu que la production d'idées la plus incessante, la plus indépendante, fût la base même de la Constitution. Depuis 1789 les écrivains ne sont plus poursuivis pour leurs IDÉES : ils ne le peuvent être que pour *offense à la morale, attaque à la famille, manque de respect aux lois, diffamation, injure, intolérance,* et autres faits analogues.

Accusé comme je le suis à cette heure, Jean-Jacques Rousseau pourrait répondre :

« Vous n'êtes plus dans la communion du Christ : votre vie spirituelle ne subsiste pas de votre foi ; elle procède de votre raison. Cette pensée libre, tant réprouvée depuis Jésus-Christ, vous avez juré de la regarder comme l'Humanité en constitution perpétuelle d'elle-même : c'est là désormais qu'est pour vous le droit, là qu'est la morale ; c'est en cela que consiste la raison publique du peuple français, dans sa plus haute et plus complète manifestation. Bien loin que l'étranger libre penseur, qui s'assied à votre foyer, puisse se voir accuser par vous d'ébranler la constitution du pays, il sert, par sa libre pensée, cette constitution essentiellement mobile et perfectible. Non que la Constitution approuve toute doctrine : elle n'accepte les idées que sous bénéfice d'inventaire ; mais elle vit de l'émission et de la discussion des idées ; c'est de là qu'elle tire son autorité et sa force, et c'est pourquoi sa protection leur est acquise. »

Aussi Me Chaudey avait-il raison, à l'audience, lorsque, passant en revue les novateurs dont l'Humanité s'enorgueillit, il faisait remarquer que les Saints-Simoniens, accusés d'outrage à la morale, s'étaient égarés dans leur défense, en déclinant la compétence des juges institués par la Révolution. Toute idée nouvelle appartient de droit à la Révolution et doit en subir le contrôle. En se plaçant hors du droit et des institutions de 89, ces fondateurs d'un nouveau culte resserraient le champ de la liberté ; ils affichaient l'intolérance de leur dogme, et rétrogradaient vers l'ancien régime.

Que les âmes religieuses suivent, avec une inquiétude mêlée de terreur cette révolution étrange, je le comprends, et je compatis volontiers à leur peine. Mais, toute respectable que soit leur tristesse, elle ne doit pas les empêcher de reconnaître que l'interversion qui s'est officiellement opérée entre la pensée libre et la pensée religieuse a changé, dans le même sens et la même mesure, les rapports de l'Église et de l'État ; et jusqu'à ce qu'une contre-révolution ait officiellement rétabli le *statu quo* d'avant 89, il faut que la loi nouvelle soit respectée.

VIII. Certes, de semblables transformations ne s'accomplissent pas instantanément ; elles exigent une période plus ou moins longue, une série de générations. Pendant longtemps, la pensée religieuse restera donc pêle-mêlée avec la pensée philosophique, la Révolution avec le christianisme : il se rencontrera même des penseurs qui feront de ce mélange une synthèse et en déduiront l'identité de la Révolution et de la Religion. Qu'importe? La tolérance mutuelle des opinions est un des articles fondamentaux de la loi nouvelle; la philosophie et le progrès n'ont plus rien à redouter. C'est pourquoi la Révolution, patiente parce qu'elle se sent invincible, a tendu la main à l'ancienne foi, et signé avec l'Église un traité de paix, le *Concordat*.

Mais si l'Église déchirant le pacte, s'insurgeait contre la Révolution;

Si, comme l'*Univers religieux* le fait, en son nom, tous les jours, elle déclarait le principe de la Révolution faux, sa morale impure, son pouvoir illégitime, tous les droits qu'elle a consacrés illusoires;

Si elle traitait le chef de l'État d'usurpateur;

Si elle excitait les citoyens au mépris des institutions révolutionnaires, niant la libre pensée au nom de la foi, l'égalité au nom de la prédestination, la tolérance au nom de l'infaillibilité des conciles et des papes; appelant impies, immoraux, ennemis de Dieu et de la société les philosophes de la Révolution :

L'Église deviendrait hautement reprochable ; elle pourrait être dénoncée par les citoyens comme outrageant la morale publique; le ministère public devrait requérir contre cette Église désobéissante, réfractaire, aussi dépourvue de morale que de science, dont l'enseignement fanatique crée un péril incessant à la société, dont les journaux et les chaires retentissent quotidiennement d'imprécations contre la Révolution. Traduite devant les tribunaux, elle se verrait enlever par un juste jugement le respect, la protection, le salaire et l'influence que lui avait garantis le Concordat.

Tels sont les principes, trop souvent oubliés, qui régissent officiellement la société française, société à cette heure moitié affranchie, moitié chrétienne, relevant partie de sa justice immanente, partie de sa religion.

A mesure que la Révolution se révèle et qu'elle étend sa conquête, l'Église gémit et proteste ; elle fait plus, préférant la mort à la transformation, elle essaye d'engager une dernière fois le combat.

De là cette espèce de déchirement qui depuis le commencement du siècle compose notre histoire religieuse : après le Concordat de 1802, la captivité du saint Père ; après le rétablissement de la *Religion d'État*, la réexpulsion des Jésuites ; après les missions de 1825-1826, les profanations de 1830 et 1831. Puis, sur une échelle de plus en plus large, après l'athéisme de 93, le déisme de 94 ; après la philosophie matérialiste, la philosophie spiritualiste et éclectique ; après l'anarchie du Directoire, le silence impérial ; après les manifestations socialistes de 1848, la répression de 1852.

Serons-nous longtemps encore dupes de ce dualisme, victimes de notre propre contradiction ? Ce n'est pas moi qui oserais m'ériger en prophète et dire : Demain il n'y aura plus d'Église, plus de religion. La Religion, comme la Justice, a son principe dans l'âme humaine ; elle a pour elle la possession antique, et dans une large mesure encore, la confiance du peuple. Bon gré, malgré, il faut que le Législateur compte avec elle.

Mais, comme l'a dit **M.** Guizot, *la religion et la société ont cessé de marcher parallèlement*. Ce que l'une recherche, l'autre le repousse ; et comme il n'est pas possible au Législateur de se séparer de la Société, il en résulte qu'au sein de cette société l'institution révolutionnaire gagne sans cesse du terrain sur l'institution religieuse. La conciliation s'accomplit ainsi par une réduction indéfinie de l'autorité ecclésiastique et une prépondérance de plus en plus grande de la raison sur la foi : pourquoi l'Église, au lieu de résister follement à l'action providentielle, ne chercherait-elle pas dans la concentration même de son élément, un équivalent de cette autorité qu'elle a perdue sans retour ?...

Ce coup d'œil rapide sur le mouvement des religions et sur la cause qui le détermine était indispensable à ma défense : on va en juger à l'instant.

PREMIÈRE PARTIE DE L'ACCUSATION.

OUTRAGE A LA MORALE PUBLIQUE ET RELIGIEUSE; OUTRAGE A LA RELIGION.

---

§ 1. *Nécessité d'une distinction entre la morale religieuse et la morale publique.*

La religion et la morale étant donc fondamentalement distinctes ; la première essentiellement stationnaire, la seconde éminemment progressive : l'antagonisme ne peut manquer d'éclater entre elles, et nous arrivons à ce résultat :

Tout progrès dans la Justice obtenu en dehors des prévisions du culte établi fait injure à ce culte ; toute Église convaincue de retard dans la morale, au lieu de se justifier, accuse elle-même ses adversaires d'outrager lá morale.

En sorte que la société se trouve de fait partagée entre deux morales : la morale de sa tradition, qui est celle de son Église ; et la morale de ses aspirations, qui est celle de sa raison.

Ceci est d'histoire universelle.

Anytus et Mélitus, d'excellents citoyens, quoi qu'on ai dit, de très-honnêtes conservateurs, accusent Socrate de corrompre la religion et les mœurs ; les Sadducéens, mosaïstes purs, accusent les Pharisiens d'offenser la loi par leurs nouveautés persanes, et quelles nouveautés ! la croyance aux anges et l'immortalité de l'âme ; les Pharisiens, à leur tour, se considérant comme devenus infaillibles par une possession de cinq cents ans, reprochent au Christ qu'il séduit et démoralise le peuple ; les Empereurs et leurs conseillers d'État accusent les chrétiens d'attenter, par leur superstition exécrable, le mot est de Tacite, aux constitutions de l'Empire, à la famille et à la propriété ; les colléges de druides accusent Rome de pervertir les mœurs gauloises en établissant dans les Gaules les formules du droit et en prohibant les sacrifices humains ; les églises chrétiennes s'accusent entre elles d'immoralité et d'impudicité ; les Arabes nous fuient en Algérie, ils nous massacrent à Djeddah, à cause de nos institutions corruptrices ; toute la chrétienté enfin s'unit aujourd'hui pour accuser les philosophes et les révolutionnaires de fouler aux pieds la morale autant que la religion.

Saisi par le ministère public d'un livre dans lequel la morale de la Révolution est élevée fort au-dessus de celle de l'Église, le tribunal de police correctionnelle de la Seine ne pouvait échapper à cette loi. Voici son jugement :

« Le tribunal, attendu la connexité, joint les deux instances :

« En ce qui touche l'ouvrage intitulé : *De la justice dans la Révolution et dans l'Église*,

« Attendu qu'en toute matière, même en matière religieuse, chacun a le droit de librement exposer son opinion et de discuter celle d'autrui, mais à la condition de respecter les lois qui ont posé les bornes d'une controverse licite ; que c'est le droit et le devoir de la justice de sévir quand la discussion, sortant des limites d'une sage modération, revêt le caractère de la violence et dégénère en délit ;

« Attendu que Proudhon se reconnaît auteur d'un ouvrage intitulé : *De la justice dans la Révolution et dans l'Église, nouveaux principes de philosophie pratique*, ouvrage qu'il reconnaît avoir publié dans le courant de l'année 1858 ;

« Que dans l'*ensemble de cet ouvrage*, et notamment aux pages 252, 358, 438 et 451 du tome 1er, 35, 59, 447 et 540 du tome 2e ; 187, 269, 299, 316 et 320 du tome 3e, au cours de l'exposé de ses doctrines, qu'il qualifie lui-même d'antithéistes, et qui tendent, suivant son expression, à éliminer « Dieu comme inutile, » Proudhon ne craint pas, en parlant du Christ, de l'appeler le « fils putatif de Dieu, » représente la religion comme « remplissant une mission immorale, » écrit qu'elle est établie « en dehors de la justice, dont elle ne possède pas la notion ; » que son troupeau « se compose exclusivement de riches ; » que « les pauvres la quittent parce qu'elle est pour eux une marâtre ; » qu'elle a « dégradé l'homme et qu'elle corrompt les mœurs ; » qu'il reproche à l'*Église* « d'abêtir la nation au lieu de l'instruire, » de « dépraver le travailleur, » de « pratiquer le mercantilisme, » de « faire argent de tout, » et de s'enrichir « par la captation et l'escroquerie ; » qu'il la compare à la « femme adultère qui a perdu le sentiment de son immoralité, » lui dit « que son but, c'est-à-dire son paradis, est un brigandage et le dieu qu'elle sert le démon; » qu'enfin il lui annonce « qu'elle se fera jeter aux gémonies par l'indignation des sectes dissidentes; »

« Qu'il poursuit de ses sarcasmes outrageants les pratiques et les prières de l'Église, notamment l'oraison dominicale qui, d'après l'interprétation qu'il impute à l'Église de ses termes, « serait un tissu d'idées niaises, contradictoires, immorales même et impies, un incompréhensible galimatias; » qu'il soutient que l'Église, « en entreprenant de réformer les amours, a dénaturé l'institution du mariage, désolé les cœurs et enflammé la luxure; » qu'il prétend « qu'elle n'a pas distingué le mariage du concubinage, étant prête à tout bénir, pourvu qu'on demande sa bénédiction; » qu'il ajoute que, depuis l'établissement du christianisme, « l'adultère a perdu sa gravité et s'est multiplié; » qu'il affirme même que l'adultère, désigné par lui sous la dénomination la plus cynique, « est par l'Église devenu le corollaire du mariage, et qu'à ce titre il est d'institution catholique; » qu'enfin il représente les ministres du culte « comme accoutumés à l'espionnage, ayant pour métier de trahir, et devenus les ennemis du genre humain; » qu'il les signale comme étant la cause du désordre des ménages, « où ils apportent la désunion, l'adultère et l'inceste; » qu'il s'étend sur ce qu'il appelle « leur paillardise sacrilége, » et termine en affirmant que « les hontes du césarisme ont été égalées par celles de la théocratie; »

« Attendu, qu'en même temps, à la page 447, Proudhon déclare « inefficace la cérémonie solennelle du mariage civil, » pro-« clamant « inutile l'intervention du magistrat au point de vue « de la morale, et en se demandant si la morale en amour, que « n'ont pu définir et sauvegarder les mots de prostitution, de con-« cubinage, de mariage, ne serait pas mieux assurée, comme le « prétendent les communistes, par une liberté sans limites que « par toutes les formalités légales. »

« Attendu que ces coupables propositions, présentées dans les termes les plus violents et les plus injurieux, ont pour but et pour résultat de froisser de la façon la plus douloureuse les croyances religieuses dont la loi commande le respect; qu'en les produisant dans son livre, Proudhon a violé toutes les règles d'une controverse permise, et qu'il a, au premier chef, commis le délit d'ouTRAGE A LA MORALE PUBLIQUE ET RELIGIEUSE.

Si le Tribunal s'était borné à dire que, dans les passages signalés par lui, j'ai calomnié, j'ai injurié l'Église, une corporation respectable, reconnue par l'État, en lui imputant faussement et de propos délibéré une méchante morale; que c'est là un délit d'autant plus grave que, si l'imputation était fondée, l'Église se trouverait, de fait, en état de félonie flagrante contre la Révolution, ce qui veut dire contre le Pays et le gouvernement; si, dis-je, le Tribunal avait vu dans mes paroles une diffamation, je comprendrais ses reproches et je me défendrais comme il conviendrait que je le fisse.

Mais quand il dit que c'est moi qui, par cette dénonciation de l'Église, ai outragé la morale publique et religieuse et tourné la religion en ridicule, je ne le comprends plus et je suis forcé de le rappeler, d'abord aux principes, puis aux textes formels de mon imprimé.

Les principes sont :

Que la société a dû, à plusieurs reprises, réformer sa religion, parce que sa religion était devenue immorale;

Que si, en agissant de la sorte vis-à-vis de ses croyances les plus chères, la société a mis tantôt sa morale dans sa religion, tantôt sa religion dans sa morale, cependant elle n'a jamais confondu et identifié ces deux choses ;

Que la distinction est devenue surtout manifeste par la Révolution française, qui a créé une morale publique et privée, diamétralement opposée à l'ancienne morale ecclésiastique et même à toute espèce d'église et de mysticisme;

Que si néanmoins le législateur de 1819 a cru devoir réunir dans le même texte la morale publique et la morale religieuse, il n'a fait en cela que suivre le préjugé général qui considère la perfection religieuse comme identique à la perfection morale et répugne à l'idée d'une religion immorale;

Mais qu'il appartient au juge de rétablir la distinction, alors surtout qu'il s'agit d'un livre ayant précisément pour objet de mettre en parallèle la *morale religieuse* et la *morale publique.*

Ceci posé, que devait faire le Tribunal?

Examiner, en premier lieu, jusqu'à quel point la différence alléguée par l'auteur du livre poursuivi était fondée; puis, quelles conséquences il tirait de la contradiction, vraie ou fausse, des deux morales, soit pour les renverser et les outrager toutes deux, auquel cas il serait effectivement coupable d'*outrage à la morale*; soit pour élever l'une aux dépens de l'autre, auquel cas il ne saurait plus être coupable, selon la nature des textes, que d'*injure ou diffamation* envers les partisans de la morale réprouvée, puisqu'il répugne qu'une morale reconnue mauvaise soit *outragée* par le jugement qui la qualifie.

Quant à la religion, qu'on m'accuse également d'avoir outragée par ma *Pétition au Sénat* et tournée en dérision, elle se trouve exactement dans le cas de la morale, et les mêmes règles de jugement lui sont applicables.

D'après les principes de la théologie, la religion existe, elle nous a été révélée d'en haut pour servir d'appui à la morale, qui, selon les théologiens, ne se peut passer de cette sanction supérieure. A cet égard, la spéculation théologique est allée si loin qu'au lieu de déduire simplement la morale de la connaissance de l'homme et de ses facultés, et de se servir ensuite de la religion pour faire respecter à l'homme les préceptes de la morale, elle a prétendu, au contraire, déduire celle-ci, en théorie et application, de la connaissance de Dieu et de ses attributs, en sorte que le droit et le devoir sont devenus chose révélée, partie intégrante de la théologie.

C'est ainsi que Bossuet, Bourdaloue, Fénelon, à l'exemple des Pères, n'omettent jamais de rattacher leurs instructions à un dogme; ils ne se seraient pas crus chrétiens, ils auraient craint de tomber dans l'immoralité, s'ils avaient admis un seul instant l'hypothèse d'une morale indépendante, pure de toute conception théologique. Et c'est aussi pour cette raison que le cardinal Maury, dans son *Essai sur l'éloquence de la chaire,* place Massillon, malgré la perfection de son style, au-dessous de ces trois sermonaires : la morale, observe le cardinal Maury, semblant chez Massillon relever davantage de la seule conscience et découler moins directement, moins nécessairement du dogme.

Telle est, au surplus, la tendance de toute religion. Là où se pose, d'abord comme simple auxiliaire, la pensée religieuse, elle tend bientôt à faire la morale à son image : on peut s'en convaincre par l'exemple des religions de Brahma, de Bouddah, de Zoroastre, de Mahomet.

Cependant la conscience ne s'abdique pas pour cela. Elle aussi est révélatrice d'une morale : morale *naturelle,* parce qu'il est de l'essence de tout être vivant de produire spontanément ses mœurs ; morale *rationnelle*, parce que dans ses déductions pratiques elle n'emploie d'autre instrument que la raison ; morale surtout *perfectible,* parce que la science du bien et du mal, comme toute autre science, est pour l'homme naturel le fruit de l'expérience.

Si donc il arrive, par le progrès du temps qui développe toute chose, que la morale naturelle et rationnelle paraisse supérieure à la morale religieuse et révélée, il faudra conclure : au point de vue de l'Église, qui tire tout de son dogme, que la religion est fausse, puisqu'elle induit l'homme à tentation ; au point de vue de la Révolution, qui tolère les cultes sans se préoccuper de leur vérité intrinsèque, que la religion est devenue une cause de dépravation. Sous tous ces aspects, la religion, surprise en erreur dogmatique de morale, ne peut pas être outragée par la critique qui démontre sa non-moralité ; elle est tout simplement impure.

Appliquons ces principes :

Ai-je, en premier lieu, outragé la *morale publique*, cette morale naturelle, raisonnable, que le progrès de la civilisation a développée parmi nous et que tout le monde reconnaît ; morale dont l'avénement définitif est dû surtout, selon moi, à la Révolution ?

En exposant cette morale, l'ai-je corrompue, dénaturée, amoindrie, profanée ? L'ai-je tournée en ridicule, foulée aux pieds ? Ai-je dit comme tant d'autres, croyants ou mécréants, qu'elle n'est rien, qu'elle n'oblige pas la conscience, et n'a d'autre valeur que celle qu'elle tire de l'appui des baïonnettes ?

A cette question, la conscience de mes juges, aussi bien que celle de mes lecteurs, a répondu : Non, il n'y a pas, dans le livre *De la justice*, d'outrage à la *morale publique*.

Loin de là, ce livre tout entier est une affirmation, une glorification de cette morale. On lui reprocherait plutôt du rigorisme que du relâchement.

Mais, dit-on, j'ai offensé la morale religieuse, en la soutenant inférieure, par son principe et par sa pratique, à la morale publique ; j'ai offensé la religion, en faisant remonter à son dogme le principe de cette corruption.

A quoi je réponds, comme je l'ai fait déjà, qu'on n'outrage pas une morale fausse en la qualifiant fausse, puisque, la morale n'ayant de réalité que par sa pureté, ce serait outrager un néant. Et j'ajoute qu'on n'outrage pas non plus une religion en l'accusant d'avoir produit une méchante morale ; puisque la religion n'existant, de son propre aveu, que pour servir de caution à la morale, du moment qu'elle la pervertit, elle perd sa respectabilité ; ce n'est plus moi qui lui fais outrage, c'est elle-même qui révèle sa turpitude.

Je confesse que si, en discutant la religion et soumettant à l'analyse les dogmes de la foi, j'avais violé, comme le dit le Tribunal, toutes les règles d'une controverse permise ; si, en dehors des qualifications que j'avais le droit d'exprimer, je m'étais livré, envers la religion, à l'invective, à l'injure, à la dérision, j'aurais mérité un juste blâme. Tant que la religion conserve son empire dans les consciences, quelque défectueuse que paraisse sa morale, quelque regrettable que soit son influence, elle a droit à des égards ; c'est le respect même de l'humanité qui le commande. Mais, loin que j'aie à me reprocher d'avoir en cela manqué aux bienséances, je puis dire que jamais le christianisme, soumis à pareille attaque, n'avait été entouré d'autant de considération ; jamais peut-être il n'avait paru si grand, si sublime : sous ce rapport, je n'aurai besoin plus tard que de quelques citations pour faire disparaître jusqu'à l'ombre d'un reproche.

Toute la difficulté consiste donc à savoir si réellement, aujourd'hui comme en l'an premier de notre ère, la morale religieuse est tombée au-dessous de la conscience ; si elle est contraire à la morale publique ; si l'Église, si le christianisme, ont été définitivement dépassés par la Révolution.

Là est toute ma défense : pourquoi le Tribunal n'a-t-il pas permis que je fisse cette preuve? Pourquoi a-t-il repoussé, avec une sorte d'obstination, la distinction des deux morales?

Le Tribunal, par l'organe de son président M. Berthelin, a soutenu que le législateur de 1819 ayant réuni sur le même substantif, la Morale, les deux adjectifs, *publique* et *religieuse,* la question ne devait en aucun cas être scindée; d'où il suivait que, les deux morales étant confondues, bien plus, rendues conjointement solidaires de l'honneur chrétien, l'accusé, qui, en fait, n'avait pu par ses critiques porter atteinte qu'à la considération de l'Église, se trouvait, grâce à la confusion admise en principe par le Tribunal, convaincu d'*outrage à la morale.*

A Dieu ne plaise que j'accuse les premiers juges d'avoir manqué de bon vouloir : c'est tout le contraire que j'ai éprouvé. Bien moins encore les accuserai-je d'avoir manqué d'intelligence : il n'y avait qu'une voix autour de moi sur la prestesse d'esprit du Président.

Mais c'est la première fois, j'ose le dire, que pareille cause était portée devant un tribunal ; la question est aussi vaste que neuve ; l'idée d'une contradiction entre la religion et la morale semble tellement blasphématoire, monstrueuse, qu'elle en devient, pour ainsi dire, immorale ; aucun législateur n'a osé seulement en exprimer l'hypothèse ; la raison publique a reculé devant ce problème. D'autre part, les articles de lois qui répriment l'outrage, l'injure, la diffamation, soit envers les corporations et les personnes, soit envers les institutions et les lois, sont nombreux, compliqués, confus ; rien de plus aisé, dans l'état où le préjugé religieux retient les intelligences, que de confondre tous ces délits ; enfin, ainsi que je l'ai dit au commencement de ce mémoire, on redoutait de la part de la défense certains écarts de discussion qu'on était décidé à réprimer, et qu'à chaque mot on croyait voir poindre.

Et pourtant, il faut bien qu'on la subisse cette distinction terrible : c'est le droit de l'accusé de la produire ; c'est le devoir du juge de l'entendre. Toute la logique humaine, toute la science des lois et la pratique judiciaire, reposent sur la faculté de distinguer et d'analyser : rien ne peut limiter sur ce terrain le droit de la défense. Supprimez cette faculté, vous faites la nuit dans l'entendement et dans la conscience ; vous confondez l'innocent et le coupable, le bien et le mal ; vous créez du même coup ce que vous voulez détruire, l'esprit de libertinage, l'immoralité.

Quand Dieu créa le monde, fit-il donc autre chose que distinguer le monde de sa substance infinie ? Et quand il créa l'âme humaine, fit-il autre chose encore que distinguer une particule de son souffle tout-puissant, *divinæ particulam auræ ?* La théologie a bien osé distinguer dans l'essence divine trois hypostases, le Père, le Fils, l'Esprit : pourquoi ne distinguerions-nous pas dans notre conscience la morale de la religion ? Jamais pensée plus haute, plus vertueuse, plus féconde, ne sera conçue dans l'entendement humain ; et jamais il n'en aura de plus assurée, dût-elle aller jusqu'à nous mettre de plain-pied avec Dieu.

Je me résume et je dis :

Dans les passages signalés par le jugement, il n'y a pas, il ne peut pas y avoir d'outrage, ni à la morale publique, ni à la morale religieuse, et cela précisément parce que l'auteur, après les avoir distinguées et comparées, a pris énergiquement parti pour la première contre la seconde.

Il ne peut pas y avoir non plus d'outrage à la religion, parce que la religion étant solidaire de sa propre morale, l'auteur, après avoir pris parti contre celle-ci, a dû prendre parti contre celle-là, à peine de tomber dans la contradiction et l'hypocrisie.

Commençons donc par établir la différence des deux morales, différence qui fait le fonds et l'*ensemble* du livre : nous viendrons ensuite aux passages qui ont servi de prétexte à la condamnation.

Le principe moral de l'Église peut s'énoncer en deux mots, devenus classiques : *Droit divin.*

Le principe moral de la Révolution, antithèse du premier,

peut se rendre par le terme contraire : *Droit humain.*

On se demande comment, en morale, le divin et l'humain peuvent être antagoniques? Cela étonne, confond, parait absurde. Peut-être cela vient-il de ce que nous n'avons pas encore su comprendre la loi de Dieu : c'est l'opinion de ceux qui, affirmant la morale révolutionnaire et retenant l'idée religieuse, parlent de régénérer le Christianisme ou de lui substituer une autre religion. Pour moi, sans manquer au respect de la Divinité, dont la notion, immanente en nos âmes, est sans doute réservée à d'autres fins, je dis que toute religion, ayant nécessairement pour principe de subordonner le respect de l'homme au respect de Dieu, exclut par là même l'idée d'une morale parfaite, puisque la morale n'est autre chose que la constitution, en soi, de la dignité humaine. Or, point de dignité pour l'homme, si elle lui vient, en tout ou en partie, d'emprunt; partant point de Justice.

Ainsi, 1° en ce qui touche les *Personnes* :

Dieu, selon l'Église, étant le sujet et l'auteur de toute Justice, le droit ayant sa source dans la conscience divine, l'homme n'a pas de droits par lui-même; il n'a que des devoirs; il ne possède de droits que par une constitution d'en haut, qui prescrit à tous les hommes, en vue de Dieu, de se respecter les uns les autres.

De là ces systèmes mystiques de résignation à la volonté de Dieu, d'anéantissement en Dieu, de subordination à la Providence, etc.; systèmes qui tous, sacrifiant le droit de l'homme à la Justice de Dieu, produisent, à l'imitation du règne divin, le régime des castes et des distinctions sociales, et aboutissent à la négation de la morale même.

De là aussi l'esprit d'arbitraire qui règne dans les Tribunaux que le droit divin inspire.

Si toute justice émane de Dieu, ou, comme l'on dit vulgairement, du roi son représentant, il s'ensuit que le magistrat, chargé d'appliquer la loi, est au-dessus et en dehors de la conscience publique; il ne relève pas de la juridiction collective des citoyens; il n'est point soumis à leur contrôle; ses jugements ne sont pas censés être l'expression de leur jugement;

ils sont l'expression de l'autorité royale, divine. Aussi la procédure tend-elle à s'affranchir de toute règle ; toute garantie est enlevée aux accusés ; l'instruction, l'audience, deviennent secrètes ; la défense est circonscrite, tracée par l'accusation ; il lui est interdit de sortir du cercle dans lequel il a plu à celle-ci de l'enfermer ; elle ne peut, comme Job, que faire acte de pénitence, adorer la sagesse du juge et implorer sa miséricorde.

Le type à jamais abominé de cette constitution judiciaire, est la *Sainte-Inquisition*.

La Révolution, partant d'une idée contraire, arrive à des conséquences tout opposées.

L'homme, suivant elle, est le sujet même du droit : d'où cette conséquence immédiate, que, comme il était, de par sa religion, pécheur, serf, et justiciable, ce qui équivaut à dire punissable à merci, il est rendu, en vertu de son autonomie, libre, souverain, et justicier.

Mais l'homme, sujet du droit, n'est pas unique, comme le Dieu de la Religion. Aussi la Justice, immanente à tout individu, mais dépassant l'individualité, apparaît bientôt comme la Conscience générale qui unit, identifie, soumet à sa juridiction tous les membres du corps social, communiers du même DROIT. De là le *devoir*, expression qui ne signifie plus autre chose que la réciprocité même de la Justice.

De cette conception tout humaine du droit et du devoir résulte dans la pratique un système d'institutions politiques et sociales, inverse de celui qu'engendrait auparavant l'idée religieuse : égalité devant la loi, liberté de discussion, suffrage universel, etc. Et comme nous avons vu le droit divin se manifester surtout dans les formes de la justice, c'est aussi dans les institutions judiciaires que se manifeste avec le plus d'énergie le nouveau principe.

La justice émanant de la conscience universelle, le juge n'est plus censé être que l'organe par lequel elle s'exprime. Toutes les précautions sont prises pour que son jugement soit, autant que possible, adéquat à ce que serait le jugement du Pays, si, par hypothèse, le Pays assistait aux débats, et que sans passion, sans autre intérêt que celui du droit, avec une pleine connaissance de la cause, il fût appelé à rendre son verdict (1).

On peut juger de la liberté d'une nation, de la sécurité des citoyens, de la moralité du gouvernement, par la manière dont s'y rend la justice : et comme, avec une justice telle que la veut la Révolution, tout despotisme, toute corruption est impossible, on peut dire que là où règne le despotisme, là où les libertés sont suspendues et sacrifiées, où les mœurs se corrompent, où la société est en décadence, les vrais coupables sont les magistrats.

Rien donc de plus opposé, de plus contradictoire, en ce qui touche le droit personnel, que l'Église et la Révolution. A ce premier point de vue, j'ai le droit de dire que la morale religieuse et la morale publique ne se ressemblent pas. La démonstration de cette proposition occupe, dans mon livre, 148 pages : il valait certes la peine d'en faire mention à l'audience. Le Tribunal n'a voulu entendre que la plainte de l'Église ; et parce que l'Église nie, aujourd'hui comme en 1789, *les droits de l'homme et du citoyen,* je suis coupable d'outrage à la morale !

2° En ce qui touche l'*Économie sociale* :
Je citerai seulement un fait, la Propriété.

Dans le système religieux, la Propriété a pour principe le droit divin, ainsi qu'on peut le voir, d'abord par la législation moïsiaque, puis par les exemples de l'Église primitive et de l'Église épiscopale, la première communiste, la seconde hiérarchique ou féodale.

A Rome, la propriété avait pour principe l'*usucapion* ou *prime-occupation,* c'est-à-dire un fait brut, étranger par lui-même à la notion de droit, et qu'il s'agit de légitimer.

(1) Ces précautions sont de deux sortes, *subjectives* et *objectives.*
Parmi les premières, nous comprendrons : la liberté absolue de la défense, orale et écrite ; la publicité des débats, la faculté de compte rendu par la presse, l'institution du jury, les degrés de juridiction, le contrôle de l'opinion. Parmi les secondes, on distingue : les formalités de la procédure et de l'instruction, l'observation attentive des lois de la nature et de l'esprit, les règles d'interprétation.

De nos jours, on a fait naître la propriété du travail, chose plus respectable que l'usucapion, mais qui, en dernière analyse, rentre dans l'usucapion, ainsi que le prouve le titre XX du Code civil, de la *Prescription.*

Or, que la jurisprudence s'en tienne à l'une ou à l'autre de ces hypothèses, et la propriété est compromise ; elle reste un acte d'usurpation, un produit du privilége et de la force. L'athée, qui ne reconnaît pas le droit divin ; l'hérétique, qui nie l'autorité de l'Église ; le raisonneur, qui demande la raison du fait, et qui offre de rembourser les frais du travail ; le travailleur qui demande comment en travaillant il ne parvient pas à posséder ; tous ces hommes peuvent nier, et ils nient sans réplique la propriété, qui n'est rien pour eux, n'existe pas.

Que dit, de son côté, la Révolution ?

Elle déclare la Propriété un *droit de l'homme :* ceci demande explication.

Par elle-même, la Propriété est une puissance d'égoïsme, qui pousse l'homme, s'il ne rencontre pas d'empêchement, à s'approprier tout ce qui l'entoure, hommes et choses, et à affirmer son domaine sur l'Univers. Dans ces conditions, la propriété, faculté d'absorption sans limites, *per fas et nefas,* reste un fait brut, produit de l'absolutisme humain, un acte de la force.

Mais l'homme doit respect à l'homme, en vertu de la définition du *Droit humain :* la tendance de Pierre à l'appropriation est limitée par la tendance de Paul au même but ; ces deux tendances se balancent l'une l'autre, et concluraient bientôt au nivellement des propriétés, si la nature et la liberté ne venaient sans cesse changer les conditions de l'équilibre. C'est cette conclusion égalitaire, dont le principe est dans le respect mutuel, qui fait de la propriété une chose légitime. L'usucapion devient ainsi un fait moral ; la faculté illimitée de posséder et d'acquérir, sauf le respect de la justice, devient elle-même une force de production et une puissance d'ordre. Mais ôtez cette légitimation par le droit et par la tendance à l'égalité, et la propriété reste ce que l'a faite la nature, une manifestation de l'égoïsme, une usurpation pure, un vol.

Rien de plus différent encore que ces deux théories, dont l'exposition embrasse, dans le livre *De la Justice*, 164 pages. Chose étrange! Les propriétaires, étourdis par le bruit de 1848, appellent la religion à leur aide, le droit divin! Ils ne voient pas que hors de la Révolution, la propriété devenant immorale, ils sont perdus.

3° En ce qui touche l'*ordre politique* :

Je n'ai pas besoin de rappeler que dans toutes les sociétés antiques, constituées sur la religion, l'État a pour base le droit divin. Le droit divin a été le principe du gouvernement en France jusqu'en 1789.

Assurément le droit divin est meilleur que le droit de la force. Mais le droit divin suppose la Foi ; dès que la foi est ébranlée, ou seulement dès qu'il y a doute sur la fidélité de l'interprète, le droit, par suite l'État, est en péril. Inutile du reste que je m'étende sur les inconvénients du droit divin, devenu, quant à ce qui est de l'ordre politique, synonyme de *Gouvernement absolu.*

La Révolution nie cette apothéose du Pouvoir ; elle récuse toute autorité antérieure et supérieure à l'homme même. C'est ce que ne cesse de lui reprocher l'Église, quand elle dit, non sans raison, que la Révolution, c'est l'*anarchie.*

Comment donc, sur cette anarchie dogmatique, va se fonder l'ordre?

M. le Procureur impérial n'oserait se dire partisan du droit divin : il mentirait à son institution, et serait ennemi de l'Empereur. Or, si M. le Procureur impérial n'est point partisan du droit divin en politique, me dirait-il, lui qui m'accuse d'outrage à la morale, sur quoi se fonde notre moralité politique? Toute sujétion de l'homme à l'homme emporte une idée de dégradation : comment l'obéissance au magistrat deviendra-t-elle, pour l'homme libre, non-seulement un devoir, mais un honneur? Comment, en vertu de cette obéissance, le citoyen est-il plus que l'homme?

C'est que la Révolution a conçu le pouvoir social de la

même manière qu'elle a conçu la propriété. A ses yeux, le pouvoir est une force *sui generis,* comme la faculté d'acquérir; force inhérente à la collectivité à peu près comme la propriété est inhérente à l'individu; force brute par elle-même et fatale, mais qui devient hautement morale, conséquemment respectable, par la réciprocité de droit qui unit entre eux les membres du corps politique.

De même, en effet, que les membres de la collectivité contribuent tous, par le rapport de leur activité, à la production de cette force supérieure, qui fait la vie et la richesse de la société; de même, ils en doivent être tous, par la réciprocité de leurs droits, directeurs et bénéficiaires. Et comme toute justice émane de leur commune conscience, ainsi toute loi de l'État émane de leur commune volonté.

De là ces termes de *Constitution politique,* de *Pacte social,* de *Balance des pouvoirs,* de *Pondération,* d'*Élection,* etc., par lesquels s'exprime, d'une manière bien imparfaite encore, la participation de chaque citoyen à la production, à la direction et au bénéfice du pouvoir public.

Toujours donc le droit humain, le respect de l'homme, pris pour principe de la morale politique et économique, à l'encontre de l'Église qui, partant invariablement du droit divin, arrive partout à des conséquences que rejette la conscience humaine, la Révolution.

Le gouvernement est illégitime et immoral, selon l'Église, s'il ne vient de Dieu, c'est-à-dire, s'il n'est absolu. Au contraire, selon la Révolution, le gouvernement est immoral et illégitime, s'il ne dérive du consentement populaire; et il sera d'autant plus moral, légal et juste, que par une balance plus exacte des pouvoirs et des droits, chaque citoyen aura une part plus équitable à la direction. N'est-il pas clair qu'ici l'Église et la Révolution s'anathématisent réciproquement? L'auteur du livre *de la Justice* a consacré 156 pages à l'exposition de cet antagonisme : il en eût fallu quatre fois autant. Là, comme partout, il y avait matière pour le Tribunal à reconnaître une atténuation de délit : pourquoi le jugement n'en parle-t-il pas?

4° En ce qui concerne le *Travail* :

Il est curieux de voir comment, chez tous les peuples, la fantaisie religieuse, en poussant l'esprit à la contemplation inerte et passive de lui-même, aboutit constamment à l'horreur du travail, par suite à la condamnation du travailleur. Telle est l'origine du parasitisme conventuel, qui n'a pas encore cessé d'infester l'Orient et l'Occident.

L'homme qui, par principe de spiritualité, s'est accoutumé à distinguer, comme deux substances d'origine et de destination différentes, son âme et son corps ; qui, donnant tout à la première, c'est-à-dire à la fantaisie, s'affranchit, autant qu'il est en lui, des préoccupations corporelles, cet homme-là en vient bientôt, en raison de son inutilité même, à se considérer comme une nature d'élite, et à regarder les gens de travail et d'industrie comme des sujets prédestinés à le servir.

Le spiritualiste croit que, la matière ne pouvant par elle-même rien donner à l'esprit, la raison chez l'homme est le fruit, non de l'expérience sensible, mais d'une communication surnaturelle. Il croit que c'est un Verbe ou *Logos* divin qui a primitivement allumé en nous le flambeau de l'idée ; et, comme il n'y a rien de meilleur pour l'homme que la raison, la pensée, l'idée, il conclut que c'est servir l'idée que de la débarrasser des suggestions empiriques, des distractions de la vie matérielle et des tribulations du travail.

De là, à diviser la société en deux castes : l'une qui vaque à la contemplation, l'autre au travail, la première souveraine, la seconde serve, il n'y a qu'un pas.

Plus de 600 ans avant J.-C., Lao-tseu, sage chinois, conclut, en vertu de sa métaphysique idéaliste, à la non-activité. Il fonde une secte dont la maxime suprême est que tout est vanité, hormis de ne rien faire. Quel beau texte d'édification !

Bien avant Lao-tseu, Bouddha, le grand réformateur de la religion brahmanique, enseigne la doctrine du *nirvanâ*, c'est-à-dire de l'anéantissement et de l'immobilisme absolus. Les moines bouddhistes remplissent l'Orient ; comme les nôtres, ils ont su appuyer leur *far niente* du prétexte de religion, et le consolider par l'accaparement des terres et des capitaux. Partout où ils s'établissent, le sol est converti en bien d'église; le colon perd son indépendance; il n'y a pas de plus grande cause de misère. Qu'ont-ils trouvé cependant dans leur contemplation dévote? Rien : le moine bouddhiste est l'idéal de la stupidité.

Tout le monde a entendu parler des solitaires du mont Athos, qui passaient la journée à regarder leur nombril. Qu'étaient ces solitaires? des âmes abîmées en Dieu, qui, le menton sur la poitrine, jouissaient de la lumière incréée et de toutes les clartés du Thabor. Cette belle contemplation n'empêcha pas les Turcs de prendre Constantinople; et il faudra autre chose aussi pour les en faire déguerpir.

Que sont les fakirs, les derviches, les ermites, les stylites, tous ces fous, faisant métier de consacrer leur vie à la méditation et à la prière? Des âmes sans corps, ce qui est exactement la même chose que des corps sans âme, le dernier degré d'avilissement auquel un être humain puisse descendre.

Et ne voyons-nous pas nos spiritualistes contemporains, ceux-là mêmes qui prétendent que le christianisme a fait son temps, qu'il est mort, apparemment parce qu'il n'a plus assez de vertu pour faire adorer ses moines, conclure à leur tour contre le travail, le représenter comme le sceau de la prévarication originelle, l'obstacle à la vie contemplative, et demander une rénovation religieuse qui mette de plus belle les hommes d'exécution au service des hommes de méditation, les producteurs à la merci des fainéants?

La Révolution coupe court à ces folies : elle nous enseigne que l'homme est à lui-même son verbe, son révélateur; que sa réflexion est le reflet de sa spontanéité industrieuse; que travailler et prier, c'est-à-dire apprendre, c'est tout un pour lui; en sorte que le véritable savant, l'homme noble et saint par excellence, c'est le travailleur.

Le travailleur, chez les anciens, écrasé par une superstition soi-disant spiritualiste, ne pouvait revendiquer, au nom du droit, sa part légitime dans les bénéfices de l'exploitation agricole-industrielle. Il le peut maintenant, grâce au droit fondé par la Révolution, grâce à cette philosophie naturelle, dont les méthodes certaines ont trouvé le secret de soumettre à une commune mesure le terrassier et l'homme de génie. Aux institutions de la *Charité* dont le catholicisme fait gloire, et qui, chez tous les peuples, ont leur corollaire dans les couvents, la Révolution oppose le DROIT DU TRAVAIL.

Ce que je viens de résumer en deux pages, je l'ai développé, dans le livre *De la Justice*, en 130 : le Tribunal n'y a vu qu'une excitation des citoyens à la haine les uns des autres. Le monde moinant lui en sera fort obligé.

5° En ce qui touche la *Famille* :

Dans la donnée religieuse, le mariage est d'institution divine; je veux dire par là que sa raison d'être, supérieure à l'essence de l'humanité, est dans la prescription que Dieu en a faite; son authenticité par conséquent et sa moralité, dans la bénédiction du prêtre.

Mais une bénédiction reçue n'a par elle-même aucune vertu déterminante : c'est tout simplement un acte de foi. Qu'est-ce qui distingue, aux yeux du chrétien, le mariage du concubinat? Rien autre chose que le sacrement donné par l'Église, c'est-à-dire une opinion, un mythe. Aussi la théologie n'a-t-elle jamais compris l'essence du mariage : elle n'y voit, tantôt qu'un contrat civil, c'est-à-dire un marché; tantôt qu'un fait naturel, moyen de reproduction pour l'espèce, remède à la fornication pour les personnes, le tout sanctifié par la bénédiction curiale.

L'impuissance où est l'Église de distinguer le mariage du concubinat et de la fornication ressort de ce fait qu'elle bénit volontiers les mariages clandestins, n'admettant pas, en principe, que le sacrement de Dieu ait besoin d'aucune sanction sociale.

Ici encore la Révolution nous donne de tout autres idées.

De même qu'elle n'admet pas d'existences personnelles hors de la société, de droits et de devoirs hors de la Justice universelle et du respect réciproque, de même elle ne conçoit pas l'union normale de l'homme et de la femme, êtres moraux et sociables, en dehors de la famille et de la cité. La sanction des familles et du magistrat est donc requise pour la formation du lien conjugal : hors de cette sanction nécessaire, il n'y a que clandestinité, c'est-à-dire, concubinat, fornication, prostitution, en un mot, impureté.

Et pourquoi faut-il que la société intervienne, d'une manière si directe, dans l'union conjugale? Quel intérêt positif y a-t-elle !

C'est que la société vit surtout de justice, et que le mariage, si l'on approfondit les qualités respectives des sexes et le jeu de leurs rapports, apparaît comme l'organe producteur et conservateur, non-seulement de l'espèce, mais de la justice, du sens moral même.

Voilà pourquoi le mariage est un pacte formé tout à la fois au for intérieur et au for extérieur : au for intérieur, par l'amour ; au for extérieur, par le respect mutuel que les parties se doivent, et par celui qu'elles doivent à leurs familles et à la société ; respect si puissant, si voisin de l'idéal, qu'il suffirait à lui seul pour produire l'amour là où l'amour n'existerait point, comme il suffit à le diriger et même à lui imposer silence, là où il est distrait de son objet légitime.

C'est par le mariage, enfin, que la femme, inférieure à l'homme par sa constitution et fatalement sa proie, devient sa digne compagne et son égale : égale, dis-je, pour toutes les choses qui relèvent directement de la justice ; soumise seulement pour celles où l'action des forces naturelles offre à la famille, à la cité, une résistance à vaincre, une victoire à obtenir.

Le mariage donc, par son principe et sa destination, étant l'organe même du droit humain, la négation vivante du droit divin, est en contradiction formelle avec la théologie et l'Église ; il ne subsiste, il n'a de puissance et de dignité qu'autant qu'il s'en éloigne ; avec elles, il retombe fatalement sous la loi de l'amour idolâtre et passionnel, il dévie de la justice et redevient un concubinat. Nulle part, l'opposition entre la morale publique ou civile et la morale religieuse ou ecclésiastique ne se manifeste avec plus de force que dans le mariage; jamais aussi la famille n'avait été aussi complétement analysée et mieux défendue que dans le livre *De la Justice* : fasciné par sa religion, le Tribunal n'a vu dans les 306 pages consacrées à cet important sujet, qu'un perpétuel outrage à la morale.

6° En ce qui touche l'*Éducation*, les *Idées*, la *Liberté*, le *Progrès*, ensemble 590 pages, l'auteur du livre *De la Justice* s'est livré à la même investigation, et partout il est arrivé au même résultat.

Ce résultat, vraiment prodigieux et d'une apparence paradoxale, c'est en dix lignes :

Que la notion de justice, considérée dans son principe, n'est pas la même dans l'Église et dans la Révolution ;

Que plus on poursuit de part et d'autre la déduction du principe, plus on voit les deux doctrines se séparer dans leurs conséquences ;

Et comme la conscience humaine n'hésite jamais sur le bien et le mal lorsqu'ils lui sont simultanément présentés, la conclusion est que la morale chrétienne se trouvant à son tour en arrière du mouvement juridique et insuffisante à la direction de la société, la Société et l'Église vont en sens contraire l'une de l'autre, et l'homme semble tourner le dos à Dieu.

7° En vain l'on se récrie, et l'on se demande comment la notion de Dieu, adéquate à celle de souveraine justice, de souveraine perfection, de souverain bien, peut être en contradiction avec le progrès de l'humanité. L'auteur des *Études sur la Justice* répond que cette contradiction ne vient pas de l'Essence divine, de quelque manière qu'elle soit conçue, puisque rien de ce qui existe ne peut être mauvais en soi ; elle vient de la considération préalable que nous faisons de cette Essence, dans des choses où la raison nous prescrit de nous considérer avant tout nous-mêmes.

Et ce n'est pas, ajoute l'écrivain, offenser la Divinité que d'en décliner ainsi la juridiction ; c'est montrer sa grandeur dans la perfection de ses œuvres, qui, considérées du point de vue élevé de la justice, doivent trouver toutes en elles-mêmes leur raison suffisante et leur sanction.

L'homme se rend indigne de son Créateur, il l'offense, quand, pour pratiquer le bien, il a besoin de se rappeler à chaque pas une justice supérieure et vengeresse ; quand, pour soutenir les coups de l'adversité, il lui faut faire appel aux compensations d'une autre vie. Tel n'est point le véritable héros : pour lui, justice et félicité, iniquité et misère, sont synonymes. La vraie religion de Dieu, autant que le soin de sa propre dignité, lui défendent de rien chercher au delà.

C'est parce que nous attendons une justice à venir que nous sommes si longtemps à la réaliser sur la terre, et que nous faiblissons en face des tyrans ;

C'est parce que nous comptons toujours sur des biens ultérieurs, que nous sommes misérables ici-bas ;

C'est parce que nous nous faisons, pour cette vie et pour l'autre, une fausse idée de la béatitude, que nous dédaignons la félicité véritable qui nous vient de la justice, et que nous succombons aux coups de l'iniquité et aux vaines tribulations de la nature.

Lequel vaut le mieux, au point de vue de la morale pratique et de la glorification de l'Être suprême, des rêves de la foi et de ses amollissantes espérances, ou de cet *athéisme* énergique, puisqu'on veut à toute force que nous soyons athée ?...

La théorie de la *sanction morale,* présentée seulement par fragments, contient, dans le livre *De la Justice,* 122 pages : elle forme la conclusion de ce long ouvrage, dont la pensée fondamentale, unique, consiste à démontrer, article par article, en théorie et en application, la différence qui existe entre ces deux choses, que le législateur de 1819 a bénévolement unies, la *morale publique* et la *morale religieuse.* Près de 1,700 pages ont ainsi été écrites pour établir cette différence. Le Tribunal, ayant à prononcer sur la culpabilité de l'auteur, accusé d'outrage envers la morale *publique et religieuse*, se devait à lui-même d'en faire état : mais son parti était pris ; rien n'a pu le détourner de la route qu'il s'était tracée. Nous allons voir à présent, par l'examen des passages, si sa judiciaire a été heureuse.

§ II. — *Examen des passages incriminés.*

Toute ma défense peut se ramener à un syllogisme.

Majeure. La Religion et la Morale, bien qu'elles apparaissent fréquemment unies, ne sont cependant pas identiques ; elles diffèrent essentiellement, et peuvent même, par cette diversité de leur nature, se trouver en état de complet antagonisme. L'histoire entière des religions et du développement moral de l'humanité le démontre.

De là résulte, en premier lieu, que la morale donnée par la religion n'est pas la même chose que la morale donnée par la conscience pure ; qu'ensuite, par l'effet de l'immobilisme qui est le propre du dogme, la première est toujours, et de plus en plus, en arrière de la seconde ; qu'enfin il vient un jour où la religion doit se reconstituer de fond en comble sur les données de la morale, ou s'effacer devant elle.

Dans tout ce qui précède, j'ai eu pour but d'établir cette proposition, et j'espère l'avoir fait à la satisfaction du lecteur.

Mineure. En vertu de cette distinction fondamentale, celui qui, comparant la morale religieuse à la morale publique et mesurant la distance qui les sépare, trouve que l'incompatibilité est arrivée à son comble, et le dit ; celui-là pourrait bien, par sa critique, se rendre coupable d'injure ou de diffamation, soit envers les personnes attachées de bonne foi à leur religion, qui croient y trouver des garanties pour leur vertu, et qu'il accuserait d'hypocrisie ; soit envers l'Église, organe de la religion et ministre du culte, qu'il accuserait de corrompre de propos délibéré les mœurs publiques : il ne peut pas être coupable d'outrage à la morale, pour avoir, au nom de la morale publique, qualifié, comme elle le méritait, la soi-disant morale religieuse.

Conclusion. Comme je n'ai fait qu'exprimer cette distinction et en tirer les conséquences, sans faire remonter le blâme aux corporations ni aux personnes, je ne suis pas coupable.

C'est ce dont la Cour va présentement juger.

Premier passage; tome Ier, page 253 :

Après avoir rappelé les principes de l'Église sur la possession de la terre et la distribution des richesses, cité ses acquisitions, ses opérations, ses petites industries, son trafic, dont je produis de nombreux et authentiques exemples, et que je soutiens être inconciliables avec le ministère sacerdotal, je continue :

... « Me direz-vous, Monseigneur, par quelle direction d'intention vous justifiez votre pratique quotidienne?

« Quoi! voici une corporation répandue sur toute la surface de l'Empire, disposant de ressources inconnues, marchant comme un seul homme, et pour laquelle il n'est pas de secrets; cette corporation est payée pour une fonction, qui lui a été dévolue sans partage, et elle en exerce clandestinement une autre, qui paralyse la nation, qui la dépouille et la met en vasselage! Au point de vue de la constitution spirituelle de l'Église, qui a reçu, avec les clefs du ciel, le pouvoir de lier et de délier, c'est-à-dire de définir ce qui est bien et ce qui est mal, pas de doute que cette invasion sournoise du clergé dans le domaine séculier ne vous semble une œuvre sainte et glorieuse. Mais au point de vue de la conscience universelle, une pareille conduite est déloyale. Et puisque la fin ne saurait être séparée du moyen, que les deux forment un tout connexe et solidaire, comment voulez-vous que moi, qui ne suis d'autre guide, que la Raison, sans mélange de révélation aucune, je ne dise pas que votre fin, c'est-à-dire votre Paradis, est un brigandage, et le Dieu que vous servez le démon. »

Tel est le premier passage relevé par l'accusation, et cité par le Tribunal comme *outrageant la morale publique et religieuse*.

Assurément il appartient aux Tribunaux de qualifier les écrits comme les faits; mais ce qui ne leur appartient pas, c'est de les qualifier arbitrairement, contre le sens formel des paroles.

Qui est attaqué dans ce passage? *L'Église*, peut-être, la *corporation* religieuse, la *constitution* sacerdotale, que j'accuse de suivre, sans le savoir, une morale fausse ; de cumuler, en vertu de cette morale, avec les fonctions spirituelles qui lui sont dévolues sans partage, des entreprises temporelles dont les prêtres doivent être exclus, et, au moyen de ce cumul, de se livrer à un accaparement de richesses mobilières et immobilières, dans le but, non pas, qu'on m'entende bien, de pourvoir aux jouissances du clergé, je n'accuse pas la vie privée de messieurs les ecclésiastiques, mais d'opérer une révolution dans l'économie sociale actuelle, en autres termes, un retour à l'ancien régime.

L'Église seule, c'est-à-dire la morale religieuse, est ici en cause : qu'on m'accuse donc, si l'on veut, d'avoir attaqué l'Église ; loin que je m'y oppose, je le demande.

Ai-je imputé à l'Église des faits faux ? L'ai-je calomniée, en lui prêtant des projets de contre-révolution qui n'existent que dans ma cervelle ? Dans ce cas, je tombe sous le coup de l'art. 13 de la loi du 17 mai 1819, § 1er, qui dit :

« Toute allégation ou imputation d'un fait qui porte atteinte à l'honneur et à la considération de la personne ou du corps auquel il est imputé, est une diffamation. »

Alors, comme il s'agit d'imputations contre un corps *ayant un caractère public*, et comme il y a eu de ma part dénonciation au Sénat, je demanderai, aux termes de l'art. 25 de la même loi, que le ministère public informe et poursuive.

Mais qu'on ne me parle pas d'outrage à la morale : la morale, c'est moi qui la défends, c'est moi qui la venge ; et c'est l'Église qui, la corrompant, fait de son propre Paradis un *brigandage*, et de la Divinité qu'elle adore le *démon*.

Que si la diffamation envers l'Église n'existe pas plus que l'outrage à la morale, trouvera-t-on du moins, comme le prétend le Tribunal, que j'ai *dépassé*, dans ma controverse, *les limites d'une sage modération*, et que ma phrase est injurieuse ? Dans ce cas encore on peut m'accuser d'injure, délit prévu par l'art. 13 de la loi du 17 mai 1819, § 2 :

« Toute expression outrageante, terme de mépris ou invective, qui ne renferme l'imputation d'aucun fait, est une injure. »

Et de nouveau je me défendrai sur ce chef, en faisant voir que le controversiste qui qualifie une méchante morale, un dogme impie, comme il arrive chaque jour à la Congrégation du Saint-Office, et chez nous au ministère public, quelque sévère que soit la qualification, n'injurie personne.

Telle est ma réponse, aussi ferme que catégorique, sur ce premier passage; et elle sera la même pour tous les autres. Car, je puis le dire, le système de l'accusation, malgré la multitude des délits qu'elle m'impute, est invariable. On me reproche ostensiblement des délits imaginaires, des délits dont il est impossible de trouver dans mon livre le corps ni le prétexte, tandis qu'au fond je suis puni pour un autre qu'on n'articule point, que personne ne dénonce, qu'on n'oserait peut-être pas exprimer. Je demande que l'accusation soit aussi franche que la défense, qu'elle dise ce qu'elle veut, sans tergiversation ni allégorie; sinon je me déclare calomnié, et je proteste.

Mais, toute impatience de ma part serait ici déplacée. Nos magistrats, l'honorable président M. Berthelin me l'a trèsbien fait sentir, ne sont animés d'aucune malveillance; aussi libres penseurs que moi-même, ils ne croient guère à l'autorité de l'Église; seulement ils sont effrayés de l'ascendant de la Révolution. Entre-temps, les habitudes de leur éducation, les traditions de leur foi éteinte, les vieux rapports du Palais avec l'Église, reprennent le dessus; la religion, pour eux, est le principe, la sanction, la quintessence, la poésie de la morale; l'Évangile, le code suprême de la morale; l'Église, le ministre par excellence de la morale. Discuter la Religion, suspecter l'Évangile, censurer l'Église, à leur jugement, c'est outrager la morale même. En cela ils sont l'expression de la conscience telle que l'Église avant la Révolution l'avait faite. De même que l'immoralité dévote, celle de Tartuffe par exemple, cause d'autant plus d'horreur qu'elle paraît jurer davantage avec la religion; de même l'incrédulité du philosophe scandalise d'autant plus qu'elle prétend s'allier à des mœurs parfaites. Dans vingt-cinq ans, cette étrange préoccupation fera sourire; aujourd'hui elle est presque invincible.

Deuxième passage; tome Ier, page 358 :

Le parallèle entre la doctrine économique de l'Église, et celle de la Révolution terminé, je finis par ces mots :

« *C'est le malheur de sa destinée qui pousse l'homme à accuser sa religion et son Dieu.* Ne voyez-vous pas en ce moment que votre troupeau se compose exclusivement de riches, et que ceux qui vous quittent sont les pauvres? *Cela se perd,* me répondit un jour un paysan que j'avais connu fort assidu dans sa jeunesse aux offices de l'Église, et à qui je témoignais ma surprise de son indévotion. Oui, *cela se perd,* et beaucoup plus vite, je le crains, qu'il ne faudrait pour le bonheur de notre malheureuse nation. O sainte Église catholique, apostolique, romaine et gallicane, Église dans laquelle j'ai été élevé, et qui as reçu mon premier serment! C'est toi qui m'as fait perdre la foi et la confiance. Pourquoi, au lieu d'une mère, n'ai-je trouvé en toi qu'une marâtre? Pourquoi, épouse du Christ, le rédempteur des prolétaires, as-tu fait alliance avec les ennemis du Christ, exploiteurs, *per fas et nefas,* du prolétariat! Comment es-tu devenue adultère, si tant est que tu aies jamais été légitime? »

Où donc est l'outrage à la morale?

Il déplaît au tribunal que je dise que l'Église, par les conséquences où l'entraîne sa théorie économique, perd la confiance des pauvres, et que son troupeau *se compose exclusivement de riches;* il lui déplaît que je l'appelle *adultère!* Soit : ce peut être une atteinte à la considération de l'Église, ce n'est pas un outrage à la morale. Qu'on m'accuse donc encore une fois d'avoir, par ce passage qui n'est pas sans un certain retour de tendresse, offensé l'Église ma première mère spirituelle ; et je me défendrai, d'abord en insistant sur les faits, dont je possède des liasses ; puis en disant que tout mon désir, exprimé quelques lignes plus haut, page 357, est de voir l'Église revenir aux vérités que sa théologie lui a fait méconnaître; qu'à cette condition elle *sera toujours reine;* que *le cœur des peuples demeurera avec elle;* qu'il n'y aura plus *ni hérétiques ni athées.*

Quoi ! c'est lorsque je pleure sur l'Église, comme autrefois Jésus-Christ pleura sur Jérusalem ; lorsque je la rappelle à la Justice et l'exhorte à se convertir, c'est alors que non content de m'accuser, *in petto*, d'offenser l'Église, on me reproche, *in foro*, d'outrager la morale... — Justement, me dit-on, et c'est là le mot de l'énigme, l'Église, dépositaire des divins oracles, ne peut être rappelée à résipiscence sans que le système entier de la foi soit ébranlé, sans que la morale soit en péril ; car il est écrit : *Les portes de l'enfer ne prévaudront pas contre elle !*... A cet argument, tiré de la nécessité sociale et de l'indéfectibilité de la religion, je n'aurais rien à répondre si nous étions en 1788 ; après 1789, il est défendu au ministère public de le produire.

Troisième passage ; tome Ier, page 438 :

Après avoir exposé la théorie de l'Église en matière de gouvernement, et raconté, d'après les autorités les plus considérables et les faits les plus authentiques, sa pratique, je conclus :

« O prêtres ! ne pourrez-vous jamais jeter les yeux sur vousmêmes, descendre dans vos consciences, et là, dans le silence de votre religion, faire l'examen de votre foi ?

« Vous êtes hommes aussi : et je n'en fais aucun doute, car je n'accuse ni vos intentions ni votre vie, bon nombre parmi vous sont gens d'honneur et de vertu. C'est donc à ce qu'il y a de meilleur en vous que je fais appel. Considérez dans quelle épouvantable situation vous place votre dogme. Sous le couvert d'un Évangile de paix, de fraternité et d'amour, vous êtes, pour l'asservissement des peuples, élevés à la chaîne, accoutumés à l'espionnage, et votre métier est de trahir. Cela n'est pas dans vos cœurs, non plus que dans votre bréviaire ; mais cela éclate tout au long de votre histoire, et résulte invinciblement de votre théologie. Ce qu'il y a en vous d'honnête, de généreux, de saint, n'est qu'un moyen de succès de plus pour votre immorale mission, et c'est par principe de conscience qu'en pensant sauver les âmes, vous vous êtes faits les ennemis du genre humain. Vous ressemblez à la femme adultère dont il est parlé au livre des Proverbes, et qui a perdu jusqu'au sentiment de son impudicité. « Elle a mangé, » dit le Sage, sous le voile d'une métaphore à faire trembler Juvénal ; « elle s'est rincé « la bouche, et puis elle dit : je n'ai rien fait ! *Quæ comedit, et ter-* « *gens os suum dicit : Non sum operata malum.* »

Si l'accusation avait eu la conscience de sa propre pensée, si l'idée d'une religion incorruptible, d'une Église sans tache, palladium de la morale, n'avait troublé sa judiciaire, et qu'elle m'eût accusé d'offenser, par cette exhortation finale, le corps entier du clergé, je répondrais que tout au contraire j'ai fait preuve, par ce passage même, d'une immense charité envers le clergé. Suis-je donc le premier qui dénonce les doctrines politiques de l'Église, l'esprit de ses séminaires, la police secrète de ses évêques, les dénonciations au tribunal de la pénitence, l'arbitraire dans la distribution des bénéfices, la servitude du clergé inférieur, l'absence de compte rendu dans l'administration, etc., etc.? Et quand, malgré cette triste notoriété, je fais appel à la conscience du prêtre, quand je le conjure, par sa propre vertu, de revenir là où une loi plus haute que la sienne entraîne les multitudes, peut-on dire que j'excite à la haine et au mépris du prêtre?...

Mais me reprocher, à propos de ce même passage, d'outrager la morale! En vérité, c'est à faire tinter les oreilles.

Quatrième passage; tome Ier, pages 451 et 452.

La quatrième *Étude,* de laquelle ce passage, ainsi que le précédent, est tiré, a pour objet l'*État,* l'ordre politique. La théorie politique de l'Église, déduite de la théologie, exposée; la pratique gouvernementale racontée, restait à montrer l'influence funeste de cette pratique, de cette théorie, sur les mœurs publiques. Après de nombreux exemples, arrivant à la question du mariage, je rappelle qu'en Italie, pays placé sous la domination directe de l'Église, *les mariages mixtes sont illégitimes,* et qu'en France il ne tient pas au clergé que les mariages contractés seulement au civil ne soient déclarés *nuls,* les femmes *coquettes,* et les enfants *bâtards.* C'est contre cette exorbitance, que je ne crains pas d'appeler immorale, de l'autorité ecclésiàstique, que je m'élève :

« Mais qui donc êtes-vous, milice du Christ, pour consacrer mon mariage ! Qu'y a-t-il de commun entre la société conjugale et votre célibat? Qu'ai-je besoin pour devenir le compagnon, le soutien, le conseil d'une femme et de ses enfants, de votre bé-

nédiction et de votre foi ! LE CONTRAT DE MARIAGE EST LE CON-
TRAT SOCIAL PAR EXCELLENCE : qu'y faut-il de plus que la sanction de la famille et de la société? Vous voulez confesser ma
femme : c'est assez pour que je la chasse comme infidèle ; caté-
chiser mes enfants : c'est assez pour que je refuse de les reconnaître. Quand la politique, la concorde, l'hygiène elle-même, com-
mandent de croiser les langues, les idées, les génies, les cultes,
aussi bien que les races, vous, dans un intérêt d'église, vous pré-
tendez l'empêcher ! Arrière ! Toute intervention d'autorité entre
l'époux et l'épouse, entre le père de famille et les enfants, est une
dissolution. Ce que la justice domestique a joint, vous ne le sépa-
rerez pas. Suspension de la dignité conjugale pour cause de religion, *suspension de la morale.* »

L'apostrophe est rude, je n'en disconviens pas : mais comment est-il possible d'y trouver un délit?

Ce n'est pas un délit d'*outrage à la morale* : puisqu'au
contraire c'est moi qui accuse la *milice du Christ,* par ses
absurdes déclarations d'illégitimité et de nullité en fait de
mariage, de *suspendre la morale.*

Ce n'est pas non plus un délit de *diffamation* envers
l'Église : puisque l'Église se félicite, s'honore justement de
ce que je lui reproche, d'empêcher les mariages mixtes, et
de déclarer nuls les mariages contractés seulement au civil.

Ce n'est pas même un délit d'*injure,* puisque toute la viva-
cité de l'apostrophe consiste dans l'antithèse entre la morale
matrimoniale de l'Église et la morale matrimoniale de la
Révolution, et qu'il n'y a pas un mot qui soit pour le clergé.

Qu'a donc vu l'accusation dans ce passage, et que prétend-
elle? Chose triste à dire : préoccupée de l'idée, si longtemps
dominante, et dans laquelle tant de citoyens sont élevés tous
les jours, qu'il n'y a pas de morale hors de l'Église, pas de
mariage hors du sacrement, l'accusation a cru voir dans
mes paroles une réprobation du mariage. Le passage a été
tout simplement pris par le ministère public à contre-sens.
C'est ainsi que le préjugé de religion et le fanatisme décou-
vrent, dans les choses les plus simples, des délits et des
crimes. En se faisant homme d'Église, le magistrat perd le
sens judiciaire. Distinguez, s'il vous plaît, les deux morales,

et comparez-les : vous saurez après quand et comment il peut y avoir outrage à la morale.

Puisque nous voilà sur ce sujet du mariage, je citerai sans interruption tous les passages qui y ont rapport, et qui dans le principe servaient tout à la fois à m'accuser d'outrage à la morale et d'attaque à la famille.

Cinquième passage; tome II, pages 447-448 :

« Tel, dans la liberté de ses amours, s'entoure de loyauté, de délicatesse et d'honneur; tel autre dans son mariage est impur, gouverné par l'ambition et l'avarice. Qu'est-ce qu'un mariage qui vous a si mal mariés, tandis qu'à côté se rencontrent des amants que le concubinage unit si bien? Évidemment, les gens qui se marient ne savent ce qu'ils font : mais le législateur, le prêtre, le maire, le savent-ils mieux? A quoi bon, dès lors, l'intervention du magistrat? Quelle peut être l'utilité, au point de vue de la morale, de cette convention si universellement adoptée, le mariage? La morale, la justice en amour, que n'ont pu sauvegarder et définir ces mots de prostitution, de concubinage, de mariage, correspondant à des situations plus ou moins honorables, mais en réalité à des arrangements tout à fait arbitraires, ne sera-t-elle pas mieux assurée, comme le prétendent les communistes, par une liberté sans limites, que par toutes les formalités légales? »

J'avoue, quand je me vois accusé, pour avoir écrit ces lignes, d'outrage à la morale, qui pis est d'attaque à la famille, que je suis tenté de m'inscrire en faux contre l'accusation et de prendre à partie le ministère public. Que va devenir la Justice, si on s'obstine à lui donner pour critère la religion ?

Veut-on savoir comment a été découvert, dans mon second volume, le double délit d'outrage à la morale et d'attaque à la famille?

La publication du livre *De la Justice dans la Révolution et dans l'Église* a été faite le 22 avril ; la saisie ordonnée le 27. En cinq jours, on n'avait pu lire avec une attention suffisante les 1,700 pages compactes dont se compose l'ouvrage ; on les avait parcourues superficiellement; par hasard, on était tombé sur la page 447 du tome II; en lisant un parallèle entre le mariage et le concubinage où la préférence n'est donnée ni à l'un ni à l'autre, et qui se termine par cette question extraordinaire, *Ne vaudrait-il pas mieux s'en tenir à l'amour libre?* l'examinateur s'est dit : Bon! attaque à la famille, outrage à la morale! Et le passage ainsi dénoncé a été maintenu plus tard dans le rapport du Juge d'instruction, qui n'y a pas regardé de plus près; du rapport du Juge d'instruction il est revenu dans l'assignation; et le voici maintenant cité tout au long dans le Jugement, pour l'éternel scandale de ceux qui ne pourront pas lire le livre, supprimé par autorité de Justice.

Maintenant, que la Cour veuille bien prendre note de l'explication que je vais lui donner, et puis qu'elle relise.

Le passage en question est extrait de la huitième ÉTUDE, *Conscience* et *Liberté*, chapitre III, laquelle étude a pour objet : 1° d'établir la distinction du bien et du mal, et conséquemment de réfuter le pyrrhonisme en tant qu'il s'attaque à la morale; 2° de donner la démonstration du libre arbitre.

Pour établir la distinction du bien et du mal, que la théologie, notez ce point, déclare impossible à obtenir par les seules forces de la raison, et qu'elle ne reconnaît qu'en vertu d'une déclaration divine, l'auteur commence par exposer, avec étendue (de la page 445 à la page 451), l'objection théologique, qui consiste à dire, qu'entre le bien et le mal, sauf l'ordre de Dieu qui seul donne la moralité à nos actes, il n'y a pas de distinction.

C'est alors que, développant le thème des théologiens, il demande, parlant en leur nom : Quelle différence il existe, en soi, entre le mariage et le concubinage; pourquoi la polygamie, jadis tolérée, est condamnée aujourd'hui; comment l'intérêt de l'argent, légitime à 5 p. %, ne l'est plus à 6; qu'est-ce qui fait l'immoralité de l'agiotage, etc., etc.

Voilà l'*objection* : — objection qui n'exprime pas la pensée de l'auteur, puisqu'elle est produite justement contre son système; — *objection* qui exprime au contraire la pensée de l'Église, puisque selon l'Église, n'était l'ordre de Dieu ou la révélation du fruit défendu, il n'y aurait pas de différence entre le mariage et le concubinage, et que le plus court parti serait d'en rester à l'amour libre ; — *objection*, enfin, que l'auteur réfute ensuite de la manière la plus complète, d'abord dans ce même chapitre III où elle est présentée, puis dans les études X et XI, tome III, où il traite plus spécialement du mariage et de la famille.

Sera-ce offenser la morale à présent que de dire au magistrat, que s'il veut, en lisant un livre de philosophie, avoir l'esprit clairvoyant, sincère, juste, la première condition pour lui est de se dépouiller de toute religion?

Sixième passage; tome III, page 187 :

Nous sommes au commencement de la dixième Étude. L'auteur va exposer la théorie rationnelle du mariage, en opposition à la doctrine révélée, suivant laquelle, n'était le décret de Dieu, qui a bien voulu par un sacrement sanctifier l'union de l'homme et de la femme, il n'y aurait pas de différence entre le mariage et le concubinage. C'est alors qu'il lui échappe cette réflexion :

« L'Église s'est toujours vantée de posséder sur l'amour et le mariage, comme sur l'éducation et sur tant d'autres choses, une morale hors ligne. La multitude l'a crue, sans y aller voir, quitte à rencontrer dans la pratique les plus effroyables mécomptes. Pour moi, surpris de voir, sous une loi soi-disant parfaite, l'impudicité en progrès, j'ai voulu passer à l'étamine la loi elle-même; et j'affirme que le christianisme, lorsqu'il a entrepris de réformer les amours et de réglementer le mariage, n'a réussi qu'à dénaturer l'institution, désoler les cœurs et enflammer la luxure. Le christianisme ne sait rien du sacrement conjugal, rien du principe et de l'objet de la famille; il n'a pas même retenu ce que lui en avaient légué ses auteurs. *Ah! chrétiens hypocrites, qui accusez les philosophes d'incontinence, croyez-vous que nous allions sans examen vous laisser intacte autour du front cette auréole usurpée?* »

La dernière phrase est une rétorsion de celle du sieur de Mirecourt, mon soi-disant biographe, qui, m'accusant calomnieusement d'un fait honteux, s'était permis de dire, parlant à moi-même, à propos de ma réputation de continence :

« Croyez-vous, sectaire menteur, que nous allons vous laisser intacte autour du front cette auréole usurpée? »

De toutes les accusations qu'on a jamais élevées contre le christianisme, aucune n'est plus pénible à l'Église que celle que je lui intente formellement d'ignorer le mariage. Aussi je conçois qu'il lui serait doux de me faire condamner pour outrage à la morale précisément sur le point où je l'accuse elle-même de l'avoir le plus méconnue.

Mais, encore une fois, accuser l'Église, même dans les termes les plus mordants, d'avoir *dénaturé l'institution matrimoniale*, ce n'est pas, quoi qu'en ait dit l'assignation, attaquer la famille ; ce n'est pas davantage, quoi qu'en dise le jugement de première instance, outrager la morale. C'est tout au plus être désagréable à l'Église, qui passe pour savoir le mieux ce que c'est que l'amour légitime. Ai-je donc calomnié l'Église, en soulevant contre elle cette inculpation? Qu'on me poursuive en calomnie, si l'on veut : alors, comme il s'agit de doctrine et d'un corps enseignant, nous examinerons l'Évangile, les apôtres, les Pères, les casuistes, toute. la tradition ; et nous verrons qui s'est approché le plus près de la vérité, sur cette délicate matière, du Code civil que je défends, ou du catéchisme que le clergé voudrait mettre à sa place. Mais que dis-je? jamais le ministère public n'osera commencer une pareille enquête : il est trop chrétien pour cela.

Septième passage ; tome III, page 269 :

« Chose singulière, que personne ne me semble avoir remarquée, mais qui ressort avec éclat de l'histoire de l'Église et de toute sa discipline, l'Église, moins avancée que le paganisme, n'a jamais distingué le mariage du concubinat. Pour elle, c'est tout un. Elle bénit les époux, elle bénit les concubinaires, comme elle bénit toutes choses ; elle bénissait naguères les draps du lit nuptial, que les mariés portaient avec eux à l'église ; elle bénit autrefois l'amour libre ; si elle l'osait, elle le bénirait encore. Qu'on se marie ou que l'on se contente de coucher ensemble, de telles distinctions, toutes de tempérament, de convenance ou d'intérêt, ne la regardent point ; qu'on lui demande sa bénédiction seulement, et tout sera pour le mieux. L'Église, en un mot, qui sur toutes les autres parties de la philosophie sociale a porté si loin la spéculation théologique, l'Église est restée sur la question du mariage, dans le pur naturalisme : elle n'a littéralement pas de religion. »

Une fois de plus, à qui ce passage fait-il tort, à la morale ou à l'Église?

Oui, dirai-je à la Cour, je soutiens, comme le Tribunal le rappelle dans ses considérants, que l'Église bénit à tort et à travers, sans distinction de concubinaires ni d'époux; que la doctrine enseignée par l'apôtre Paul, sur les droits et devoirs des époux, offense la Justice et choque la pudeur; que ni lui ni pas un de ses successeurs n'a su ce que c'est que le mariage; je le soutiens, et je le prouve par la discussion des textes, par l'histoire, et par la pratique de l'Église jusqu'au concile de Trente.

Si j'ai calomnié l'Église, punissez la calomnie; pour cela, commencez vous-mêmes, président et conseillers, par examiner la question et vérifier les preuves. Eh! quoi, hier encore, le ministère public, dans une affaire qui a obtenu un vaste retentissement, était obligé de prendre en main la défense de la morale publique, de la morale du Code civil, mise en péril par une concubine qu'appuyait l'Église, et qui, pour une bénédiction reçue en pays étranger, prétendait jouir en France des droits de légitime épouse; et c'est moi aujourd'hui qui, remontant au principe de cette contradiction entre la foi et la loi, et en déduisant les conséquences, suis accusé d'outrage à la morale, d'attaque à la famille!...

Non, non, l'accusation ne parviendra pas à me faire prendre le change. Que M. le Procureur impérial, tout en défendant énergiquement les vrais principes, entoure de ses respects une corporation religieuse qui les viole, je n'ai point à contrôler ses paroles. Quant à moi, je le déclare, une Église qui traite ma femme de concubine parce qu'elle a été mariée seulement devant la municipalité, et qui réclame les honneurs du mariage pour une concubine qui n'a reçu que la bénédiction du prêtre, cette Église-là, dis-je, a perdu le sens moral : il faut une étrange hallucination d'esprit pour ne le pas voir.

Huitième passage; tome III, page 299 :
Conséquence du mariage chrétien : l'introduction dans le

ménage d'une tierce influence, qui témoigne énergiquement de la nature concubinaire de ce mariage.

« Chez les anciens, nul ne pouvait pénétrer dans la famille : le gynécée était muré ; ni prêtre, ni magistrat n'avait à y voir.

« Dans le christianisme, c'est tout autre chose : le prêtre confesse la femme ; il est son époux spirituel ; à lui l'âme, la conscience, le cœur ; au mari, *géniteur*, le corps. Ils ne sont plus UNANIMES, c'est-à-dire, ils ne font pas un esprit dans deux corps séparés ; *ils sont deux*, au contraire, comme dit la Genèse, *dans une seule chair*.

« Ainsi l'Église, après avoir flétri l'amour et déshonoré, sans le comprendre, le culte de Vénus, sépare l'épouse de l'époux, malgré l'ordre de Dieu. Au lieu d'initier la femme à la Justice par le mari, le père ou le frère, comme le voulait le mariage romain et comme le veut la nature, elle prétend l'instruire elle-même, par le directeur. Comme dans le ménage fouriériste, le mari, amant charnel, emplira le ventre de la femme ; le prêtre, amant spirituel, emplira l'esprit. De sorte que le mariage chrétien pourrait se définir un cocuage mystique. *Hoc est magnum sacramentum*.

« Partout où le catholicisme a conservé sa puissance, le prêtre est maître de la maison. Que d'incestes spirituels et d'adultères ! Que de maris désespérés par cette aliénation de leurs femmes ! »

Citons tout de suite le *Neuvième passage*, tome III, p. 316 :

« C'est surtout depuis l'établissement du christianisme, et grâce au développement des mœurs chevaleresques, que l'adultère, un des plus grands crimes aux yeux des anciens, a perdu sa gravité et s'est multiplié d'une si déplorable manière. Je n'ai pas besoin d'en expliquer la raison : elle est toute dans ce mot fatal, le *devoir*. Dès lors que l'amour, dans son idéalité, a été séparé du mariage, et que d'autre part l'un des conjoints, par impuissance ou autrement, néglige son devoir, l'infidélité devient pour l'autre excusable, *si impos*. De là le ridicule qui s'attache au mari trompé, le blâme réservé au jaloux, la réprobation qui tombe sur le vindicatif. Le cocuage devient le corollaire du mariage ; sous ce rapport, on peut dire qu'il est d'institution catholique et apostolique. Il fait partie du pacte conjugal, il entre avec les mariés à l'église, il en revient avec eux, il s'assied à la table, il veille au foyer ; c'est le dieu Lare qu'apporte, parmi ses hardes, toute épousée. Toute la littérature érotique et badine le chante ; les sages en prennent leur parti : il est le patron d'une confrérie qui embrasse tous ceux sur lesquels l'Église a prononcé le *conjungo*, la doublure de l'Hyménée, son bon génie, sa fortune. Si le mari peut se vanter de quelque avantage, ce sera tout au plus d'une vaine et douteuse priorité. »

Sur quoi le Tribunal de considérer et de dire :

« Attendu que Proudhon ajoute que depuis l'établissement du christianisme, l'*adultère a perdu sa gravité et s'est multiplié;* qu'il affirme même que l'adultère, désigné par lui sous la dénomination la plus cynique, *est par l'Église devenu le corollaire du mariage,* et qu'à ce titre il est d'*institution catholique;* qu'il représente les ministres du culte comme étant la cause du désordre des ménages, où ils apportent la désunion, l'adultère et l'inceste;

« Attendu que par ces coupables propositions il a violé toutes les règles d'une controverse permise, et qu'il a, au premier chef, commis le délit d'outrage à la morale publique et religieuse. »

Quelle est donc cette manière de raisonner : *Attendu que Proudhon, en accusant l'Église de méconnaître les lois du mariage et de la famille, a commis, au premier chef, le délit d'outrage à la morale publique et religieuse?* Me dira-t-on une fois comment le reproche fait à l'Église de ne savoir pas la morale est une offense à la morale?

La pensée du procès éclate ici malgré toutes les réticences. On ne veut pas permettre à la raison laïque de censurer la raison ecclésiastique; on ne veut pas qu'il soit dit que l'Église, conspirant contre la Révolution, outrageant ses principes, ses institutions, sa morale, est elle-même dépourvue de morale; et comme on n'admet pas que l'Église, soi-disant immaculée comme sa Vierge, puisse être, par un simple citoyen, accusée d'adultère, obligée de se justifier devant les tribunaux, on élude la difficulté, en transformant l'attaque à l'Église en une attaque à la morale.

Car il ne suffit pas que l'Église soit vengée; il faut que, comme la femme de César, elle ne soit pas même soupçonnée. Caton, accusé soixante-dix-neuf fois, et soixante-dix-neuf fois triomphant de la calomnie, n'en fut que plus glorieux : l'Église, si l'on permettait que sa vertu fût seulement mise en suspicion, serait perdue.

C'est ce qui explique la dialectique du Tribunal. Rien ne lui eût été plus facile, si, résolu comme il l'était à ne tenir aucun compte des faits, il eût voulu seulement venger l'Église, imposer silence à l'auteur, et faire cesser une controverse

dangereuse, rien, dis-je, ne lui était plus aisé que d'appliquer
ici l'art. 13 de la loi du 17 mai 1819 sur la diffamation, et
de dire, par exemple :

« Attendu que Proudhon impute à l'Église de mettre le
droit divin au-dessus du *droit humain,* deux termes de guerre
qui, nonobstant les déclarations de la Révolution et les définitions de l'Église, n'ont véritablement de sens en aucune
langue et ne sont propres qu'à agiter les esprits ;

« Attendu que de cette soi-disant subordination de l'*humain* au *divin,* attribuée à l'Église, Proudhon tire des conséquences qui ne tendent à rien de moins qu'à représenter
celle-ci comme systématiquement hostile à la dignité humaine, à la liberté, à l'égalité, à la propriété, à tous les
principes de la Révolution et à tous les droits qu'elle a consacrés ; — qu'il va jusqu'à prétendre que l'Église, aveuglée par
sa religion, ne sait rien de l'économie sociale, rien de l'ordre
politique, rien de la philosophie et du Travail, rien même
du mariage, qu'elle confond, selon lui, avec le concubinat ;
et que dans sa pratique, comme dans ses théories, elle est
opposée aux lois rationnelles qui font la base de notre droit
civil, politique et domestique ;

« Mais attendu, information prise et vérification faite, que
c'est juste le contraire qui est la vérité ; que l'Église, signa-
taire du Concordat, n'a cessé de se montrer, depuis 1802,
religieuse observatrice des institutions nouvelles ; que,
quels que soient son dogme antique et ses traditions maintenant abrogées, elle s'est toujours fidèlement soumise à la
loi commune ; qu'elle ne regrette point ses anciens domaines,
et ne songe nullement à s'en refaire d'autres ; qu'il n'est pas
vrai qu'elle recherche les donations, ouvre des souscriptions,
se mêle de trafic et de banque ; que c'est à tort aussi qu'on
lui impute, en matière de gouvernement, des idées illibé-
rales et des tendances rétrogrades ; qu'en ce qui touche le
mariage, enfin, rien n'est plus édifiant que sa casuistique,
plus exact que ses définitions, plus en harmonie avec la
législation civile que sa théologie, mieux inspiré que sa tolérance, plus discret que ses ministres, etc., etc., etc.

« Déclare l'auteur du livre *De la Justice* coupable de diffamation. »

Pourquoi le Tribunal n'a-t-il pas pris ce tour? Ah! c'est que, par de semblables considérants, le Tribunal eût déclaré la subordination de la loi religieuse à la loi révolutionnaire, et qu'il ne voulait pas à ce point engager l'Église; c'est qu'il eût affirmé hautement la Révolution, et qu'il ne voulait pas non plus s'engager à ce point lui-même; c'est enfin qu'en proclamant bénévolement, au profit de l'Église, et en vertu du Concordat, l'accord définitif des deux morales, de la morale religieuse et de la morale publique, il eût, de fait, infirmé et pour ainsi dire mis à néant la première, ce à quoi la religion du Tribunal répugnait essentiellement.

Et le Tribunal a eu mille fois raison, au point de vue de l'Église. Devant une condamnation ainsi motivée, si l'Église de son côté ne réclamait pas, j'eusse pris le parti, quelque certain que je fusse de la vérité de mes assertions, de garder le silence; trop heureux de voir terminer, par cette décision digne d'un calife, l'antagonisme entre la Raison et la Foi, j'aurais abandonné mon livre et me serais réfugié dans la clémence de l'Empereur.

Dixième passage; tome III, pages 320-321 :

« Mais vous savez mieux que moi, Monseigneur, combien vous êtes loin de cet idéal (il s'agit de la chasteté sacerdotale). Quelle incontinence afflige le clergé, à tous les siècles de son histoire! Quelle paillardise sacrilége! Prenez le siècle des agapes ou celui de la gnose; prenez celui des martyrs ou des solitaires; celui de Théodora, de Grégoire VII ou des Turlupins; descendez au schisme d'Avignon, au concile de Constance, à celui de Trente; poussez, si vous voulez, jusqu'aux jésuites : c'est toujours le même fond de débauche secrète, hypocrite et athée; c'est toujours la même félonie du prêtre vis-à-vis de l'enfant, de la famille, de l'humanité.

« En raison de son caractère et de l'autorité qui lui est confiée, le crime du prêtre est un composé de l'inceste, de l'adultère et du viol; tout ce que l'imagination peut enfanter de plus horrible se trouve réuni dans le prêtre libidineux. Oh! vous parlez de l'incontinence des philosophes, dont les plus osés ne dépassent guère la

limite de ce concubinat que vous bénissiez autrefois ! Mais vous,
n'avez-vous donc pas de scandales parmi vos lévites, et jusque dans
le chœur de vos cathédrales ?...

« Soyez tranquille, Monseigneur : je connais vos chagrins, et
*ce n'est pas moi qui ferai retomber sur le corps entier de l'Église le
crime de quelques monstres.* Je n'irai donc pas, remontant le cours des
âges, rappeler çà et là les vieilles turpitudes des cloîtres, le commerce
de castrats de la nouvelle Rome, ni la *bougrerie* de ses cardinaux et
de ses papes. Je passe sous silence les gaillardises des révérends
pères du Paraguay et le concubinage des prêtres dans toute l'Amé-
rique espagnole; je ne vous citerai même pas, de ce côté-ci de
l'Atlantique, ni cet évêque, mort depuis peu, devenu père à lui
tout seul d'une compagnie de gardes nationaux; ni ce curé qui au
vu et su de ses paroissiens, possède de ses trois filles dix enfants vivants; ni cet autre, dont vous pourriez dire l'histoire, qui
fut forcé de quitter le pays et mourut en prison après avoir gâté,
m'a-t-on dit, plus de cent cinquante enfants des deux sexes (1). Je

(1) Il s'agit ici du nommé Bonnot (François), dont j'ai eu sous les
yeux le signalement lancé par le procureur impérial de Vesoul. — « Le
« 9 mars 1857, dit le *Journal de la Haute-Saône* du 14 mars, à sept
« heures du matin, M. le procureur impérial près le siége de Vesoul
« arrivait à Sorans, canton de Rioz, avec M. le juge d'instruction, pour
« informer contre le sieur François Bonnot, âgé de 51 ans, ancien des-
« servant de la paroisse. Depuis quelque temps les bruits les plus fâ-
« cheux circulaient sur la conduite de ce prêtre, auquel on imputait de
« faire servir son ministère sacré aux actes d'immoralité les plus ré-
« voltants. L'instruction n'a point tardé à justifier ces imputations, et
« à démontrer l'existence de nombreux attentats commis, pendant plu-
« sieurs années, sur de jeunes enfants du sexe masculin, âgés pour la
« plupart de moins de 11 ans. Un mandat d'amener fut immédiatement
« décerné et transmis à Besançon, où l'inculpé s'était retiré depuis
« quelques jours. Ce dernier avait été charitablement averti la veille
« de l'arrivée des magistrats, et il s'était empressé de prendre la fuite.
« Des mesures ont été prises pour découvrir sa retraite. L'inculpé a été
« condamné déjà pour attentats aux mœurs par le tribunal correction-
« nel de Dijon, à trois ans d'emprisonnement, et placé pendant qua-
« torze ans sous la surveillance de la haute police. »

Mes renseignements particuliers ajoutent que Bonnot ayant trouvé
un refuge en Suisse fut réclamé par le gouvernement français, qu'il y
eut extradition, et qu'arrivé dans les prisons de Besançon, Bonnot
mourut subitement. C'est l'archevêque de Besançon, Mgr Mathieu, qui,
malgré la condamnation antérieurement subie par Bonnot et ses quatorze années de surveillance, commit l'imprudence d'envoyer ce sodomite à la commune de Sorans ; c'est encore Mgr Mathieu qui, averti des
nouveaux attentats de Bonnot, se refusa longtemps à toute enquête, et pa-
ralysa l'action de la justice. L'incrédulité de Mgr Mathieu, à l'endroit de

laisse dans mon dossier ces histoires de curés, vicaires, aumô-
niers, religieuses et sœurs de charité, dont fourmille la chronique
contemporaine : tirons le rideau sur ces fringales de sacristie, sur
cette luxure d'hôpital. Tout cela est usé et ce n'est plus le temps
de rire. Les hontes du Césarisme ont été égalées par celles de la
théocratie; les deux puissances n'ont rien à se reprocher : la
sainteté profanée du mariage les condamne par un même jugement. »

Nul doute que le ministère public, et le Tribunal après lui,
après avoir lu ce morceau, n'y aient vu une intention diffa-
matoire; la rédaction du jugement en témoigne encore.
Pourquoi donc, au lieu de conclure simplement au délit de
diffamation, se sont-ils servis de ce même passage pour
m'accuser *d'outrage à la morale?* De quel droit font-ils de
l'honneur ecclésiastique la cause des mœurs? Comment
suis-je moi-même immoral, c'est-à-dire, dans l'espèce, im-
pudique, incestueux, adultère, sodomite, parce que j'ai
cru devoir, en quelques lignes rapides, rappeler la luxure,
les incestes, et toutes les abominations dont se sont rendus

cet infâme Bonnot, prouve l'innocence de cœur du prélat : mais sait-on à
quoi il s'est exposé par cette opiniâtreté intempestive? On a dit, chose
horrible, que c'était le cardinal qui, après que les poursuites eurent été
décidées, avait fait évader Bonnot; puis, lorsque celui-ci eut été ren-
voyé en France par la police suisse, qui l'avait empoisonné. Les mœurs
de l'archevêque de Besançon, je l'ai écrit quelque part, sont celles d'un
ange : mais quelle vertu résisterait à la calomnie, quand celle-ci a pour
point d'appui la maladresse de la vertu?...
La sodomie, ce *péché qui,* selon le catéchisme, *crie vengeance au
ciel,* fait d'incroyables ravages dans le clergé français. En même temps
qu'on exerçait des poursuites contre l'abbé Bonnot, on surprenait dans
le même diocèse, à Vesoul, un abbé N***, aumônier du collége, en re-
lations amoureuses successivement avec deux régiments, l'un de cuiras-
siers, l'autre de lanciers. Une sorte d'épidémie de la *cristalline* s'étant
déclarée parmi les soldats de cette garnison, les chirurgiens du régiment, et puis la justice, eurent bientôt découvert l'auteur du mal. Une
correspondance extrà-dégoûtante fut partie saisie, partie escamotée par
des amis officieux; le coupable mis en retraite à Dôle, puis, sur de nouveaux méfaits, interné dans une maison sainte à Strasbourg.
Dans un autre département, la Somme, si j'ai bonne mémoire, une
histoire toute semblable à celle de l'abbé Bonnot s'est déroulée, il y a
moins de deux ans, devant la cour d'assises; et l'on vit une troupe
nombreuse d'enfants, garçons et filles, assistés de leurs pères et mères,
défiler, témoins infortunés, sous les regards du jury.

coupables, à toutes les époques, un certain nombre de prêtres?...

Je veux montrer une fois de plus avec quelle légèreté mes accusateurs, je devrais peut-être dire mes dénonciateurs, ont lu mon livre. En groupant en une page les faits et gestes de *quelques monstres*, dont j'ai soin de dire que je ne rends pas solidaire le *corps entier de l'Église*, qu'ai-je voulu prouver? L'immoralité de l'Église tout entière? Le Tribunal l'a peut-être cru, malgré ma déclaration expresse; et il n'aura vu dans la réserve que j'exprimais qu'une précaution oratoire, une manière perfide de faire entendre le contraire de ce que je dis. Mais, sans compter qu'une semblable interprétation de ma pensée est tout à fait gratuite, dans la thèse que je soutiens contre l'Église elle serait absurde.

Je dis que l'Église n'a pas compris l'essence du mariage, qui est la Justice en Amour; qu'à la place de cette notion vraie, elle s'est formé un idéalisme érotique analogue à celui des païens; qu'en conséquence de cet idéalisme, elle exagère la vertu de continence au point de compromettre la vertu de chasteté, beaucoup plus précieuse; de sorte que si, d'un côté, l'on peut dire que les héros de la continence se rencontrent dans l'Église, on peut affirmer que là aussi se trouvent les monstres de la luxure. De telles propositions intéressent la doctrine; elles n'ont rien à faire au personnel du clergé. On peut les trouver inquiétantes pour l'Église : elles ne contiennent ni outrage à la morale, ni diffamation (1).

(1) Voici un extrait d'une lettre écrite par un employé du consulat de France en Portugal à un de ses amis.

« Si vous compreniez le portugais, je vous enverrais le mandement
« de l'archevèque de Braga, défendant aux ecclésiastiques d'entrer,
« pendant les heures du jour, dans les bordels et les maisons de jeu.
« Ce bon archevèque a imaginé de changer le système des confession-
« naux. Jusqu'à lui c'étaient des boîtes qui cachaient le confesseur et
« la pénitente; et les ecclésiastiques en avaient fait des lupanars. Main-
« tenant ils sont à jour et placés au milieu de l'église : le nombre des
« confessions est diminué de 50 p. c. L'évêque de Porto me disait l'autre
« jour : Si encore ils se contentaient d'une seule maîtresse, et vivaient
« tranquillement chez eux : je ne me montrerais pas ridiculement diffi-
« cile. Mais imaginez que l'autre jour, le curé de San Tirso était à dire
« sa messe, lorsqu'une femme se précipita tenant un enfant dans ses

Au surplus, et puisqu'on incrimine jusqu'à mes citations historiques, je m'en vais, pour l'édification de la Cour, citer quelque chose de bien autrement extraordinaire, et qui montrera, mieux qu'aucune dissertation, combien faux et dangereux est l'enseignement de l'Église sur toute cette matière du mariage et de la pudeur.

Je lis dans la *Vie de saint Louis de Gonzague,* par le Père Céprari, de la Compagnie de Jésus, publiée cette année même, 1858, dans la Bibliothèque des Écoles chrétiennes, *Ad Majorem Dei Gloriam :*

« bras, et s'écria, en le posant sur l'autel : Voici votre enfant ! — Heu-
« reusement, ajouta le prélat en poussant un soupir, qu'ils ne donnent
« pas trop dans la sodomie. »

L'écrivain continue sur ce ton pendant quatre grandes pages.

Eh bien ! me direz-vous, cela prouve-t-il que l'Église enseigne une mauvaise morale ? L'évêque de Porto et celui de Braga, de même que l'archevêque de Besançon, sont d'honnêtes gens, et leurs catéchismes condamnent formellement la fornication et la pédérastie. Que fait à la morale chrétienne le crime de quelques monstres ? J'ai répondu à cette objection en 306 pages. Je n'ai jamais prétendu que l'Église enseignât la sodomie et l'adultère : j'ai dit seulement et je soutiens que, par la manière dont elle explique le mariage, par sa théorie sur l'amour, et par l'idéalisme qui fait le fonds de la morale religieuse et qui constitue la conscience du dévot, la pratique de la chasteté est rendue cent fois plus difficile, pour ne pas dire impossible. Non, encore une fois, ce n'est pas une préméditation d'immoralité que je reproche à l'Église ; à plus forte raison, ce n'est pas sur le corps entier du clergé que je jette le soupçon : c'est une doctrine erronée que je dénonce, tellement erronée, qu'il suffit, selon moi, que le prêtre s'en fasse une habitude de méditation, pour qu'il s'expose au danger toujours prochain d'impureté.

D'après la statistique, Rome est de tous les pays de l'Europe celui qui fournit le plus d'enfants *trouvés.* La plupart de ces enfants sont du fait des prêtres, qui naturellement ont intérêt à en cacher la provenance, mais dont le cœur paternel se refuse à les *perdre.* Aussi est-il défendu à Rome, sous les peines les plus sévères, d'épier les personnes qui vont déposer les enfants. Eh bien ! c'est à Rome qu'a été inauguré, il y a deux ans, le culte de la Vierge sans tache : que dites-vous de ce mélange de charité chrétienne, de pureté idéale, et d'incontinence sans remède ? Par toute l'Italie, les femmes les plus dévotes à la Vierge sont les prostituées : croyez-vous que de la part de ces malheureuses il y ait hypocrisie ou sacrilège ? Mille fois non : ces femmes, comme ces prêtres, sont esclaves de l'idéal ; leur conscience a été formée par l'idéal ; leurs idées morales n'ont pas d'autre base que cette vaine poésie de religion. Et elles périssent, faute d'une justice plus réelle, faute d'un sentiment plus élevé de leur sexe et de l'humanité.

Page 11, que ce jeune saint consacra par vœu, à la sainte Vierge, *dès l'âge de neuf ans*, sa virginité;

Page 12, que de ce moment il montra un grand éloignement pour les personnes du sexe, ne parlait aux femmes de sa mère que les yeux baissés; bien plus, n'aimait pas à se rencontrer seul, même avec la marquise sa mère. De sorte que si, pendant qu'il s'entretenait avec elle, les autres personnes présentes se retiraient, il faisait naître quelque motif de se retirer aussi. Était-il obligé de demeurer, on le voyait à l'instant rougir.

Page 134, que plus tard, à l'âge de 21 ans, étant venu voir sa mère, celle-ci n'osa se permettre de l'embrasser et le reçut à genoux; qu'il exigea qu'un de ses compagnons fût présent tout le temps qu'il causait avec elle, et qu'il fallut un ordre du Père général, pour qu'il consentît à accorder à cette pauvre vieille mère un tête-à-tête... »

La Cour finira peut-être par comprendre ma pensée, quand je lui aurai dit que cette pudeur jésuitique, enseignée dans les Écoles chrétiennes, et qui valut à un jeune fou les honneurs de la canonisation, est mille fois plus abominable à mes yeux que tous les faits de luxure et de *bougrerie* auxquels j'ai fait allusion dans la page 320-321 de mon 3e volume : car le crime commis reste individuel et ne tire réellement pas à conséquence, tandis qu'une morale impure est la semence même du crime.

Si l'Église, si les Jésuites avaient su jamais ce que sont ces trois choses dont ils s'occupent trop, le Mariage, la Chasteté et l'Amour, ils sauraient par là même qu'en toute famille honnête l'horreur sexuelle, entre la mère et le fils, est égale à la tendresse qui les unit; qu'une continence précoce est l'indice d'une corruption précoce; et que le plus bel éloge qu'ils eussent pu faire de leur Louis de Gonzague, au point de vue de la chasteté, n'était pas de le montrer alarmé, dès l'âge de neuf ans, en présence de sa mère, c'eût été de le faire voir candide et calme, à vingt ans, parmi les jeunes filles et les bals.

Non, dis-je, l'Église ne sait pas ce qu'est la pudeur : nous en avons la preuve dans l'histoire de tous ses ascètes. Elle ne sait pas ce qu'est le mariage : nous en avons eu récemment la preuve dans l'affaire Pescatore, à laquelle j'ai fait précédemment allusion ; nous en avons eu la preuve encore dans l'histoire de ce colonel qui, poursuivi par une intrigante jouant la femme trahie et moribonde, fut marié avec elle, *in extremis*, sans publication, sans témoins, en dehors de toute formalité civile, par un prêtre du diocèse de Paris qui ne douta pas un moment qu'il ne fît une bonne et sainte chose.

L'Église ne sait pas ce qu'est la famille ; elle ne comprend rien à ce tout organique, à cette vie, à cette conscience, qui font un seul être du père, de la mère et des enfants. La famille, selon l'Église, n'existe que par la foi ; et ce que la foi a formé, la foi peut le dissoudre, ainsi que le fait suivant, raconté et confirmé par tous les journaux, nous le montre :

« Il existe dans la ville de Bologne (États de l'Église), une famille juive du nom de *Mortara*, composée du chef de famille, ancien et honorable négociant, de sa femme et de six enfants. Il y a deux ans, un des enfants, âgé de quatre ans, fit une maladie très-grave : la servante le baptisa en secret. Tout récemment, cette femme confessa le fait au curé d'une paroisse qui s'empressa de le dévoiler à l'Inquisition. Le 20 juin dernier, cinq gendarmes, conduits par un moine de l'Inquisition, firent une descente chez Mortara, lui disant qu'il avait un enfant chrétien, et qu'ils venaient le réclamer. Sur le refus des parents et malgré les cris de la mère, l'enfant fut arraché de vive force, et envoyé à Rome, où on l'a mis, dit-on, aux Enfants trouvés. Les parents sont sans nouvelles ; la mère est devenue folle. Le fait est connu de toute la ville de Bologne.

Oserai-je dire toute ma pensée? Osons, car il y va de nos mœurs publiques et domestiques, qu'on m'accuse d'outrager ; il y va de la sainteté du mariage, qu'on me reproche d'avilir en faisant l'apologie de la bigamie et du concubinat; il y va de la famille, au droit de laquelle, dit-on, je porte atteinte, en protestant contre l'immixtion scandaleuse du prêtre dans le ménage.

C'est parce que l'Église ne connaît rien à la chasteté, ni au mariage, ni à la famille, que notre magistrature, qui a été, comme chacun de nous, élevée par l'Église, et qui, en croyant appliquer les lois de la Révolution, ne fait que suivre l'Église; c'est pour cela, dis-je, que notre magistrature hésite sur le véritable sens et sur la portée de ces choses, ainsi qu'on peut s'en convaincre par la lecture de ses jugements quotidiens.

Dans l'affaire GRATTE, racontée par la *Gazette des Tribunaux* du 18 juillet, nous entendons le ministère public, représenté par M. Jolly, appeler, à plusieurs reprises, l'adultère, un *délit : Le délit d'adultère*. Il est vrai que le code pénal semble autoriser cette qualification, en prononçant, contre la femme adultère, une simple peine d'emprisonnement. Quant au mari, à moins qu'il n'introduise sa complice au domicile conjugal, le délit n'existe même pas. Mais le même code pénal range l'adultère dans la catégorie des *attentats*, ce qui, dans les habitudes de la langue, emporte quelque chose de plus que le délit; et à l'art. 324, il déclare le meurtre commis sur l'épouse (je suppose que la réciproque est vraie et qu'après le mot l'*épouse*, il faut ajouter *ou l'époux*) surpris en flagrant délit d'adultère, *excusable,* ce qui implique, dans le fait d'adultère, une gravité supérieure au simple délit. Il appartenait au magistrat, organe de la société et des mœurs, d'interpréter, d'une façon plus digne, le code pénal. Qui l'en a empêché? La faiblesse du sentiment chrétien qui régit les âmes, la légèreté de mœurs qui s'en est suivie et qui a fini par prévaloir jusque dans le prétoire. L'indulgence de certains de nos magistrats pour les pécheresses est devenue proverbiale. La loi romaine était terrible pour l'adultère : c'est que le législateur romain avait une plus haute idée que nous du mariage. L'Église, qui ne distingue pas le mariage du concubinage, qui place Marie, la bonne fille, au-dessus de Marthe la ménagère, *optimam partem elegit ;* qui fait du Christ l'époux spirituel, le véritable époux de la femme; l'Église, la première, nous a appris à rire de l'adultère et à nous moquer des époux malheureux. *Délit d'adultère :* trois mois de prison.

Que M. le procureur impérial Jolly daigne jeter les yeux sur les deux Études que j'ai faites, du point de vue de l'idée

révolutionnaire, sur l'*amour et le mariage;* et il apprendra,
à cette école vraiment supérieure, que l'adultère est un
crime, un triple crime, contre l'époux trahi, contre la
famille, et contre la société. Il se convaincra de plus que,
si l'adultère, devenu une peccadille chez les nations chrétiennes, n'a pas encore été rétabli parmi nous dans sa
dignité de crime, c'est qu'il existe un parti puissant qui n'a
point renoncé à l'exercice des droits seigneuriaux, c'est que
la multitude, élégante ou déguenillée, en est encore à comprendre que le premier des droits et le plus saint des devoirs,
pour le citoyen et pour l'homme, le grand précepte de la loi
nouvelle, qui contient et résume tous les autres, même le
droit à l'insurrection, c'est le refus de prostitution.

Cette question du mariage et de la famille, qu'on ose
m'accuser d'avoir outragés, me tient au cœur. J'ai le droit,
puisqu'on fait le procès à mes principes, de mettre ces principes en regard de ceux qui inspirent nos tribunaux.

Dans son n° du 17 juillet la même *Gazette des Tribunaux*
rend compte d'une affaire bien autrement scandaleuse : je
veux parler du testament fait par M. le marquis de Custines
en faveur d'un sieur Sainte-Barbe, *son meilleur ami, qui ne
l'avait pas quitté depuis trente ans,* et qu'en récompense de
ses services, M. de Custines instituait son *légataire universel.*
Le testament était déféré à la première chambre de la Seine,
présidence de M. Benoît-Champy, par Mᵉ Berryer, plaidant
pour madame de Brezé, sœur du défunt; Mᵉ Marie, ancien
ministre de la République, défendait le légataire. Il y a ici
captation, disait Mᵉ Berryer, captation honteuse; et il citait
en preuve, avec la réputation bien connue de M. de Custines,
une correspondance érotique, entre lui et le sieur Sainte-
Barbe. Sur la plaidoirie de Mᵉ Marie, avocat dudit Sainte-
Barbe, et les conclusions de MM. Chaix-d'Est-Ange, procureur général, et Pinard, son substitut, le Tribunal, malgré
les faits dénoncés par Mᵉ Berryer, et sans même daigner lire
la correspondance, a rejeté la demande de madame de Brezé.

L'avocat Marie, le Ministère public, le Tribunal à leur
suite, ont fait ce raisonnement : Quand même les faits allé-

gués par la famille demanderesse seraient établis, il n'en résulterait pas que le marquis de Custines, au moment où il écrivit son testament, était privé de raison; qu'il n'eût pas le droit de nommer son ami Sainte-Barbe légataire universel, et que celui-ci fût inhabile à hériter. Voilà tout ce qu'a su dire, en ce cas difficile, la sagesse de nos jurisconsultes, vengeurs des droits de la famille et de la sainteté du mariage. Combien Mᵉ Marie, dont la vie domestique est si pure; combien M. Pinard, qui s'était montré si puissant dans l'affaire Pescatore; combien le Tribunal, si heureux de venger la famille chaque fois qu'une loi claire l'y autorise, ont dû rougir en leur âme d'avoir à maintenir ce qu'ils considéraient comme le droit dans une circonstance aussi odieuse!

Maintenant, et sauf appel, il y a chose jugée. Il faut que le jugement reçoive son exécution; et je n'entends nullement infirmer ici le respect qui lui est dû. Le risque d'erreur, de la part des tribunaux, est une des charges de la société, à laquelle la justice même commande à tous de se soumettre. Je veux même croire que les soupçons de Mᵉ Berryer n'étaient pas fondés, et que la correspondance citée par lui était un pur enfantillage.

Mais si le ministère public, si le Tribunal avaient étudié, à une école supérieure, la nature du mariage et la constitution de la famille; s'ils avaient analysé le caractère et les effets de la pédérastie; s'ils avaient médité, sur cet effrayant sujet, avec ce que nous ont laissé les anciens, les révélations récentes du docteur Tardieu, ils auraient compris qu'il y avait là matière sérieuse à examen, et ils n'eussent point, à leur grand regret, substitué le *droit du giton*, je demande pardon pour ce blasphème, au droit de la famille.

Le testament, par son principe, par son objet, par son essence, se seraient-ils dit, est le dernier acte de juridiction du chef de famille : soit qu'il consacre la succession naturelle de la famille, soit qu'il dispose en faveur d'une famille d'adoption, toujours le testament implique la famille; il la suppose, il l'appelle, il en est la sanction et la sanctification.

Or, supposant que les faits dénoncés par M⁰ Berryer, d'après la correspondance entre Custines et Sainte-Barbe, soient vrais, peut-on dire du premier qu'après s'être brouillé avec sa famille naturelle il s'en est fait une autre en la personne de son ami Sainte-Barbe?...

Je pose la question, et je laisse mes lecteurs la ruminer dans leur conscience.

Quant à moi, dévastateur de la famille et de la propriété, mon opinion, longuement étudiée, est que la Justice n'est rien autre chose que la faculté (sentiment ou notion) dont la famille même est l'organe ; que comme il n'y a pas, en général, de pensée sans organe pensant, de même il n'y a pas non plus de Justice hors de la famille, à plus forte raison, pas de droit contre elle ; qu'en conséquence, loin qu'on puisse dire, comme a fait implicitement le Tribunal, que le crime de sodomie ne détruit pas l'efficacité du testament fait par l'incube au profit du succube, tout au contraire, par la sodomie, le plus grand des outrages à l'amour, au mariage et à la famille étant commis, la justice radicalement détruite, l'incube et le succube sont placés hors de toute loi humaine, et comme en perpétuel délit de lèse-humanité. D'après ces principes, il y avait lieu d'examiner si les faits dénoncés par M⁰ Berryer étaient vrais; ce que je n'entends du reste préjuger aucunement.

Le Tribunal n'a pas pensé de même : pourquoi? c'est qu'à ses yeux, le droit n'est point le produit d'une faculté propre de l'homme, manifestée organiquement par le mariage et la famille ; le droit, communication de l'ordre divin, inhérent, de par cet ordre, à la volonté humaine, le droit est une sorte d'arbitraire, qui doit suivre son cours, à moins qu'un autre arbitraire l'en empêche. — *Vous attaquez la famille en attaquant l'Église*, me disait M. Chaix-d'Est-Ange, quand je lui demandais l'autorisation de publier mon mémoire. — Oui, aurais-je pu lui répondre quelques jours plus tard, j'attaque la famille Custine et Sainte-Barbe, la famille unisexuelle, comme la nommait Fourier, famille que vous n'aimez pas, monsieur le Procureur général, on le sait bien, mais que votre jurisprudence encourage.

Quelques jours avant le procès Custine, la Cour d'appel avait à statuer sur un délit d'un autre genre. Un particulier, de plus de quarante ans, avait été surpris, dans une voiture de place, au moment où il accomplissait, sur la personne d'une jeune fille mineure, *un outrage public à la pudeur*. Le Tribunal de police correctionnelle avait condamné cet individu à six mois de prison ; et celui-ci appelait du jugement, soutenant, non sans raison, que, la voiture étant fermée et les rideaux abaissés, l'outrage n'avait pas été public. Là-dessus que dit la Cour? Les magistrats sentaient le vice de la loi ; leur conscience d'hommes leur criait qu'il fallait sévir. La Cour décida donc que, la voiture se promenant dans un lieu public, la portière pouvant s'ouvrir, à volonté, du dehors, et les regards des passants pénétrer dans l'intérieur, le lieu de la scène devait être censé public, partant l'outrage public.

Mais de la corruption d'une mineure, qui, flétrie pour le reste de ses jours, vaut moins que si elle était morte ; de l'attentat à la famille, outragée dans un de ses membres ; du crime contre la société, à qui il importe de faire respecter la vertu féminine ; de toutes ces grandes choses qu'on sait si bien trouver quand il s'agit d'un écrit socialiste, pas un mot. De semblables considérations, dans un arrêt de Cour, auraient pu fournir un motif de cassation. De par la loi, la chasse aux petites filles, âgées de plus de onze ans, est permise. Pourvu que la défloration soit physiquement possible, il n'y a pas crime : le meurtre de l'âme, dont la consommation suppose chez la jeune personne un certain degré de discernement, justement à cause de cela compte pour rien. La petite voiture est-elle ou n'est-elle pas un lieu public? A moins de laisser le crime impuni, toute la question est là. Si la chose se fût passée dans un cabinet, le verrou tiré en dedans, plus de doute : d'après la décision obligée de la Cour, il n'y aurait pas eu outrage. Et messieurs les jeunes conseillers, prenant l'arrêt au pied de la lettre, auraient pu se dire alors, en toute sûreté de conscience, comme les dieux d'Homère, lorsque Vulcain leur montre Vénus et Mars surpris dans ses filets : Ce drôle est vraiment bien heureux!...

Mais que fais-je? Je m'arrête à des faits spéciaux, comme si, la Cour me le pardonne, nos décisions judiciaires, sur quelque matière qu'elles portent, ne trahissaient pas toutes, du plus au moins, cette insuffisance théorique et pratique du droit dans laquelle nous a élevés l'Église chrétienne. J'en aurais long à dire, si je voulais tout relever. Quelques traits, qui surgiront plus tard du fond de ma défense, suffiront à mon objet. Je n'oublie pas que, si j'ai beaucoup à reprocher, après tout il faut que je me justifie : pour le moment je ne me propose rien de plus.

Onzième passage; tome II, page 35 :

« *Amen.* — Mot hébreu qui signifie *vraiment.* Quoi! vraiment, cette enfilade d'idées mystagogiques, incompréhensibles, *je parle de l'Oraison dominicale d'après l'interprétation chrétienne;* cette apocalypse, ce galimatias, ce serait là le sommaire de ma foi, la règle de ma raison, le soutien de ma vertu, le gage de mon immortalité! O Père, qui es dans le ciel! Vraiment, si j'étais chrétien, je te réciterais sept fois le jour la prière que le Christ, ton fils putatif, nous a apprise, seulement pour en obtenir de toi l'intelligence. »

Ici encore, le Tribunal a vu un outrage à la morale. Il s'est surtout scandalisé que « je n'eusse pas craint, en parlant du « Christ, de l'appeler le *fils putatif* de Dieu. »

Si l'on disait, outrage à l'Oraison dominicale interprétée par les théologiens catholiques, outrage au *Pater* de la Jardinière, passe encore. Cela aurait un sens, et je répondrais, comme l'a fait Me Chaudey, d'abord que j'ai parfaitement le droit d'interpréter le *Pater noster* autrement que les théologiens catholiques; puis, que si j'ai mal parlé de leur interprétation, j'ai fait le plus magnifique éloge de l'Oraison dominicale, d'après ma manière de l'entendre. Mais *outrage à la morale!...* Ceci tombe dans le fétichisme.

Quant à l'expression de *fils putatif,* qui constituerait peut-être une offense à la divinité de Jésus-Christ, mais ne serait plus dès lors de la compétence des tribunaux, j'ai longtemps cherché ce que ces deux mots, traduits littéralement de saint

Luc, chap. III, ꝟ. 23, *ut putabatur filius*, pouvaient avoir d'injurieux : voici ce que je crois avoir trouvé.

D'après une tradition rabbinique, Jésus, dont les chrétiens célèbrent la conception surnaturelle, serait le fils adultérin de Marie, qui l'aurait eu d'un soldat, nommé Panter. Faisant allusion à ce conte, j'aurais ainsi voulu dire que le Christ, cru fils de Dieu, était tout simplement un bâtard.

Il faut avoir l'entendement perverti et le sens moral éteint, pour lire et juger de la sorte un auteur. Dans le chapitre II, Étude Vᵉ, d'où est extrait ce passage, je m'attache à montrer que le christianisme tout entier est une symbolique de la Conscience, dans laquelle l'âme idéalisée devient Dieu ; l'Humanité, laborieuse et souffrante, le Christ ; la prière, le chant de la Conscience, etc. L'interprétation de l'Oraison dominicale que je propose à la place de celle de l'Église, est établie sur ce fondement. Et quand à la fin, je dis du Christ, *fils putatif de Dieu*, je marque par un dernier trait, en me servant de l'expression évangélique, l'opposition entre la foi religieuse, qui nomme le Christ fils putatif de Joseph, *ut putabatur filius Joseph*, et la philosophie qui ne voyant dans le Christ, fils très-légitime de Marie et de Joseph, qu'une expression typique de l'humanité, le nomme au rebours, fils putatif de Dieu. C'est ce qu'on appelle *rétorsion* en rhétorique : il m'est douloureux de ne pouvoir me défendre qu'en montrant le défaut d'érudition de mes dénonciateurs.

Douzième passage; tome II, pages 59-60 :

« Depuis l'expédition de Rome, en 1849, la grande nation semble avoir pris à tâche d'opérer la contre-révolution sur le globe : pour commencer, elle s'enfroque, se déchausse, se rase, s'encapuchonne, se jésuitise. Dans les derniers conseils de révision, on a remarqué que le nombre des jeunes gens qui ne savent pas lire a augmenté. En même temps qu'on amoindrit la condition des professeurs et des maîtres d'école, on augmente les dotations et traitements du clergé ; on livre l'enseignement, l'avenir, à une corporation qui en 1854 comptait 82,000 sujets, et dont le revenu, en propriétés, casuel, assignations sur le budget des communes et de l'État, etc., atteint au moins cent millions de francs (1).

« Avec un personnel de 82,000 agents qui dans vingt ans aura doublé ;

« Avec un revenu de cent millions qui triplera ;

« Avec le privilége de l'instruction primaire, l'adultération et la répression de l'enseignement supérieur, le bâillonnement de la presse, la censure des livres, le triage des bibliothèques, la corruption du corps enseignant ;

« Avec la connivence de la bourgeoisie et l'appui de 400,000 baïonnettes,

« L'Église, en vingt ans, aura fait de la France émasculée et domptée ce qu'elle a fait de l'Italie, de l'Espagne, de l'Irlande, ce qu'elle eût voulu faire de la Belgique, une nation *abêtie :* société composée de prolétaires, de privilégiés et de prêtres, qui, ne produisant plus ni citoyens ni penseurs, destituée de sens moral, armée seulement contre les libertés du monde, finira par soulever contre elle l'indignation des races dissidentes, et se faire jeter aux gémonies de l'histoire. »

Certes, le discours est rude pour l'Église : pourquoi faut-il que j'aie à reprocher au Tribunal d'en avoir, contre son intention assurément, changé les termes et travesti le sens ?

Le Tribunal me fait dire (voir plus haut, page 26, les considérants) que *j'annonce à l'Église qu'elle se fera jeter aux*

(1) On lit dans les *Annales de la propagation de la Foi,* livraison du mois de mai dernier :

« Dans le compte rendu de 1856, nous nous félicitions d'un accrois-
« sement inespéré dans nos recettes. L'année 1857 nous a donné des
« résultats plus heureux encore : le chiffre des aumônes recueillies
« atteint la somme de 4,191,716 fr. 27 cent. et dépasse ainsi de 286,648 fr.
« 56 cent. le total du précédent *exercice.* »

Ce dernier mot est bon à relever : il dévoile, dans le clergé, toute une organisation fiscale. Budget de la propagation de la Foi, pour la conversion des infidèles ; budget du culte et des églises ; budget des petits séminaires ; budget des Ignorantins ; budget des couvents, etc. Exercice 1856, exercice 1857, exercice 1858.

Ainsi, le seul chapitre des missions étrangères produit à l'Église, bon an mal an, par sous et centimes, quatre millions. Ce qu'il y a de plus triste, c'est que ces quatre millions de francs représentent au moins huit millions d'imbéciles, qui croient que les missionnaires opèrent des conversions à la Chine, au Tonquin, au Japon, dans l'Océanie, etc., et que la Foi fait des progrès parmi les sauvages.

gémonies par l'indignation des sectes dissidentes, ce qui serait, je l'avoue, un grave outrage... à l'Église.

J'ai dit au contraire, parlant, non de l'Église, mais de la *nation française*, que si, abjurant ses principes de 89, elle se laissait éduquer par l'Église, le jour viendrait où, « na- « tion destituée de sens moral, armée seulement contre les « libertés du monde, elle finirait par soulever contre elle « l'indignation des races (non des *sectes*) dissidentes, et se « faire jeter aux gémonies *de l'histoire*. »

Voilà comme, en substituant, par inadvertance, l'*Église* à la NATION; en remplaçant, par mégarde, le mot RACE par celui de *secte;* en supprimant, par pur oubli, le mot final, *de l'histoire,* qui fait du pluriel *gémonies* une pure métaphore, on m'a fait adresser à l'Église la plus grosse injure qu'un écrivain grossier et furieux puisse jeter à la face de ses adversaires.

Cette petite rectification faite, je reprends mon refrain, mais ce n'est pas ma faute. Dans le passage que je viens de rapporter, je vois bien l'imputation faite à l'Église, je cherche en vain l'outrage fait à la morale.....

Que la Cour, je l'en supplie, ne s'imagine pas qu'en persistant, comme je fais, à dégager la pensée secrète, plus ou moins inconsciente, de l'accusation, je veuille défier l'Église, me jeter dans une lutte inégale, impossible. Je n'ai nulle intention d'intenter contre le clergé une action récriminatoire, je n'entends plaider contre lui qu'au tribunal de la raison publique, et ne pense ici qu'à ma justification. Mais, pour faire comprendre aux magistrats toute la portée et les périls de cet incroyable procès, il faut bien que je montre où l'accusation devra aller, si elle veut être avec moi logique et sincère.

Vous m'accusez d'outrage à la morale parce que moi-même j'accuse l'Église de dégrader, par son faux enseignement, l'esprit et le caractère de la jeunesse française. Pardon! monsieur le Procureur impérial, vous prenez *le nom d'un port pour un nom d'homme.* Si je suis coupable de quelque délit, ce ne peut être que du délit de diffamation : accusez-moi sur ce chef ; je vous répondrai, et vous verrez ce qui s'ensuivra.

Oui, il est de la nature de toute Église, de quelque secte ou religion qu'elle soit, d'être obscurantiste, accapareuse de richesses, et avide de pouvoir. Je l'ai dit, parce que c'était mon droit de critique, recherchant l'influence du dogme religieux et de l'esprit ecclésiastique sur les mœurs, de le dire ; je le répète, parce que c'est mon devoir en ce moment d'affirmer le droit de la critique, attaqué en ma personne, et que ce faisant, je fais acte de morale (1).

Treizième passage; tome II, page 540.

« Oh ! je comprends, Monseigneur, que vous ne l'aimiez pas la liberté, que vous ne l'ayez jamais aimée. La liberté, que vous ne pouvez nier sans vous détruire, que vous ne pouvez affirmer sans vous détruire encore, vous la redoutez comme le Sphinx redoutait OEdipe : elle venue, l'Église est devinée ; le Christianisme n'est plus qu'un épisode dans la mythologie du genre humain. La liberté, symbolisée dans l'histoire de la Tentation, est votre antechrist ; la liberté, pour vous, c'est le diable.

« Viens, Satan, viens, le calomnié des prêtres et des rois, que je t'embrasse, que je te serre sur ma poitrine ! Il y a longtemps que je te connais, et tu me connais aussi. Tes œuvres, ô le béni de mon cœur, ne sont pas toujours belles ni bonnes ; mais elles seules donnent un sens à l'univers et l'empêchent d'être absurde. Que serait, sans toi, la Justice ? un instinct ; la raison ? une routine : l'homme ? une bête. Toi seul animes et fécondes le travail ; tu ennoblis la richesse, tu sers d'excuse à l'autorité, tu mets le sceau à la vertu. Espère encore, proscrit ! Je n'ai à ton service qu'une plume ; mais elle vaut des millions de bulletins. Et je fais vœu de ne la poser que lorsque les jours chantés par le poëte seront revenus :

> Vous traversiez des ruines gothiques :
> Nos défenseurs se pressaient sur vos pas ;
> Les fleurs pleuvaient, et des vierges pudiques
> Mêlaient leurs chants à l'hymne des combats.

(1) La Hollande, pays protestant, est de tous les États de l'Europe celui où l'on compte le moins d'illettrés. Il ne faut pas croire que le peuple en soit plus éclairé pour cela. On a fait à son usage des livres si stupides, si bigots, qu'il a pris la lecture en dégoût et qu'il préfère se griser. L'Église protestante a aussi sa Bibliothèque chrétienne, comme celle du célèbre Mame, de Tours, *Ad majorem Dei gloriam :* n'est-ce pas curieux ?

> Tout s'agitait, s'armait pour la défense :
> Tout était fier, surtout la pauvreté.
> Ah ! rendez-moi les jours de mon enfance,
> Déesse de la Liberté !

Le Tribunal, malgré les observations présentées par la défense et les bravos de l'auditoire, a persisté, dans son jugement, à signaler ce passage comme outrageux pour la morale. J'aurais bien envie de répondre que cette persistance du Tribunal est un outrage au sens commun : mais je suis accusé ; la modestie me fait une loi de tenir ma langue.

Tout le monde, à l'audience, s'est demandé comment, après avoir dit que l'Église n'aime pas la liberté, qu'elle a fait de la Liberté le diable ou Satan, j'avais pu commettre un délit en invoquant, dans un transport d'enthousiasme, ce *Satan*, ce *calomnié*, ce *proscrit* ; comment une *métonymie* était devenue un outrage à la morale ?

C'est à moi de révéler ce secret. Dans un procès comme celui-ci, il y a les choses qui se disent, s'écrivent, s'impriment, et qui sont pour le public ; et il y a les choses qui ne se disent pas, qui se lisent, comme on dit, entre les lignes, et qui sont pour les initiés.

L'outrage à la morale, publique et religieuse, consiste ici en ce que, par une rhétorique infernale, j'ai osé, dans une apostrophe à la Liberté, employer le langage d'un homme qui donne son âme au diable, de tous les blasphèmes le plus horrible, selon les idées chrétiennes ; puis, en ce que j'ai l'air d'applaudir aux fêtes de la Raison, de scandaleuse mémoire, et d'en souhaiter le rétablissement.

Le pacte avec le diable ; les fêtes de la Raison, dans lesquelles une femme demi-nue, coiffée du bonnet rouge, une pique à la main, montait sur l'autel à la place de la croix : jamais la religion des peuples ne conçut rien de plus abominable, et c'est se rendre sacrilége que de jouer avec ces horreurs.

Mais si je suis athée, je ne crois pas au diable et je me soucie encore moins du culte de Chaumette : l'impiété qu'on me prête est sans portée dans ma bouche ; placée à la fin d'une théorie du libre arbitre, elle est de mauvais goût.

Qu'ai-je donc voulu dire par cette étrange figure?

J'avoue que j'étais loin de m'attendre à tout ce bruit, et que rien ne m'humilie plus que la pauvreté d'esprit de mes lecteurs. Rien de plus terrible que la Liberté, puisque, par elle, le mal est rendu possible. Mais rien aussi de plus précieux que la Liberté, puisque sans elle l'Univers demeure inexplicable; la Justice, pur instinct, perd son mérite; la Raison est une mécanique; l'homme, une bête; j'aurais dû ajouter, et cela eût aidé sans doute à me faire comprendre, Dieu, devenu le Destin, une pétrification. Embrassons donc avec ardeur la Liberté, puisqu'elle est le coefficient de la Justice, puisque sans elle nous n'existons pas, et que le moment le plus héroïque de notre vie est celui où, comme le peuple français en 93, nous nous sentons le plus libres. Mais n'oublions pas que cette Liberté est le Satan, sans lequel nous ne commettrions jamais de mal.

Hélas! je ne sens que trop aujourd'hui la vérité de cette antithèse, puisqu'en la revêtant de son expression la plus énergique et la plus exacte, je n'ai pu m'empêcher de froisser la foi de quelques-uns de mes lecteurs. Mais pour rien au monde je ne voudrais leur ressembler; j'aurais peur qu'une foi si susceptible ne m'eût fait perdre déjà la raison, la justice et la liberté.

J'ai fini l'examen des passages, au nombre de TREIZE, dans lesquels l'accusation a cru trouver le délit d'*Outrage à la morale publique et religieuse.*

De ces treize passages, *neuf* (ce sont les 1ᵉʳ, 2ᵉ, 3ᵉ, 6ᵉ, 7ᵉ, 8ᵉ, 9ᵉ, 10ᵉ et 12ᵉ), contiennent l'imputation à l'Église d'errer dans la morale, et la qualification de ses erreurs; imputation et qualification qui, exclusivement relative à la doctrine et à la pratique sacramentelle, n'atteignent point au personnel du clergé, à l'égard duquel j'ai fait des réserves formelles, même sympathiques. Les quatre autres passages (4ᵉ, 5ᵉ, 11ᵉ et 13ᵉ) sont travestis, pris à contre-sens; la fin du 12ᵉ passage a même subi une altération matérielle.

§ 3. — *Outrage à la Religion.*

Le délit d'outrage à la morale écarté, et je doute qu'après
avoir lu ce Mémoire l'accusation ait le courage de le reproduire, peut-être se rabattra-t-on sur le délit d'outrage à la
Religion, ainsi prévu par la loi du 25 mars 1822 :

« Quiconque aura outragé ou tourné en dérision la religion de
l'État, ou toute autre religion dont l'établissement est légalement
reconnu en France, sera puni d'un emprisonnement de trois mois
à cinq ans, et d'une amende de 300 fr. à 6,000 fr. »

Quel est, d'abord, le sens de cet article?

Il se peut, a pensé le législateur de 1822, que l'une des
religions reconnues en France soit erronée dans son dogme,
et conséquemment dans sa morale; cela se peut d'autant mieux que lesdites religions reconnues en France ne
s'accordent point entre elles, et s'anathématisent réciproquement. Il se peut même que toute religion en général, considérée du point de vue élevé de la Justice, soit essentiellement fautive, et que le véritable homme de bien doive tenir
à honneur d'en débarrasser sa conscience. Toutefois, et
jusqu'à ce que la Religion ait été rayée du nombre des institutions, elle doit être, nonobstant le droit de libre discussion,
respectée, sans acception de secte, comme expression de la
conscience individuelle, et protégée par l'État.

Ai-je manqué à cette prescription?

Comme il n'est pas toujours facile de distinguer la critique
de la dérision et de l'invective, je ferai observer, en premier
lieu, que si la loi a entouré la religion de respect, c'est
qu'elle l'a considérée, avec la raison vulgaire, comme un
appui pour les bonnes mœurs; en sorte que le délit d'outrage
serait singulièrement atténué si la non-moralité de la religion devenait manifeste, si surtout ce délit avait été commis
à l'occasion d'une polémique engagée contre le dogme religieux dans l'intérêt même de la morale. Dans ce cas, dis-je,
le juge ne pourrait, sans injustice, traiter de la même façon

le délit provenant d'un excès de zèle pour les mœurs, et le délit causé, si j'ose ainsi dire, par le zèle de la débauche.

Mais je ne pense pas avoir besoin de me placer sous le bénéfice de cette atténuation. L'idée d'outrage est inadmissible, dans une discussion aussi sérieuse, aussi soutenue que celle qui remplit mes trois volumes. Un écrivain ne donne pas autant d'importance à ce qu'il outrage; la satire est brève de sa nature, l'ironie et l'insulte bientôt épuisées. Si quelques traits de ce genre m'étaient échappés, je les répudierais comme absurdes, contraires à la pensée de mon livre, et de mauvais goût.

Quelle est, en effet, cette pensée générale, de laquelle j'ai la conviction de ne m'être écarté jamais, et qui, à part les qualifications que j'avais le droit de faire, me devait préserver de toute intempérance de langage?

C'est que la Religion est la forme primitive sous laquelle la Justice se pose dans la conscience ; c'est qu'elle est une symbolique de la Justice ; qu'ainsi, et jusqu'à ce que la Justice apparaisse dans sa pure essence, la Religion a droit à tout le respect que nous devons à celle-là ; que sous ce rapport, enfin, le Christianisme, notre ancienne religion d'État, est le monument le plus complet, le plus merveilleux, qui soit sorti des entrailles de l'Humanité. Qu'on me permette à ce propos quelques citations, afin de montrer, par mon propre exemple, quelle différence il y a entre l'homme qui a renoncé à la Religion pour ne suivre plus que la Justice, et l'impie qui, ne sachant rien de l'une ni de l'autre, se sert du sacrilége comme d'une excitation à l'immoralité.

Tome Ier, page 35 : après avoir blâmé les tentatives modernes de rénovation religieuse, je dis :

« Jamais je n'eusse contesté l'autorité de l'Église, si, comme tant d'autres qui se font ses compétiteurs, j'admettais pour la Justice la nécessité d'une garantie surnaturelle. Je n'aurais pas cette présomption étrange, partant de l'hypothèse que l'idée de Dieu est indispensable à la morale, de me croire plus capable que l'Église, plus capable que le genre humain, qui y a travaillé plus de soixante siècles, de déduire en théorie, et de réaliser en pratique une telle idée. Je me serais incliné devant une foi si antique, fruit de la plus longue et de la plus savante élaboration dont l'esprit humain ait donné l'exemple ; je n'aurais point admis un seul instant que des difficultés insolubles dans l'ordre de la science conservassent la moindre valeur dès qu'il s'agissait de ma foi ; j'aurais pensé que c'était là précisément ce qui faisait le mystère de ma religion, et pour avoir écharbotté quelques filasses de métaphysique, je ne me serais pas cru un révélateur. J'aurais craint surtout d'ébranler chez les autres, par des attaques imprudentes, une garantie que moi-même j'aurais déclarée nécessaire. »

L'assertion semblera paradoxale, mais je puis le dire, parce que telle est la vérité : jamais, pas plus aujourd'hui que dans ma plus tendre enfance, je ne fus un contempteur de la Religion. Le jour où j'ai cessé de trouver Dieu et la Justice dans le culte, j'y ai retrouvé l'humanité.

Même volume, page 92, protestant contre les impiétés que me prêtait un inepte biographe, je dis encore :

« Non, Monseigneur, et je tiens à ce que vous en preniez acte, jamais je ne me suis exprimé sur la religion chrétienne, qui fut celle de mes pères, *Deus patris mei*, ni sur aucune religion, avec cette indécence qui n'eût déshonoré que ma plume. J'ai toujours respecté l'humanité, dans ses institutions, dans ses préjugés, dans son idolâtrie, et jusque dans ses dieux. Comment ne la respecterais-je pas dans le christianisme, monument le plus grandiose de sa vertu et de son génie, et le phénomène le plus formidable de l'histoire ? Outrager, de paroles ou de gestes, une religion ! il n'y a qu'un homme élevé dans les principes de l'intolérance catholique à qui puisse venir cette idée stupide. »

Suit une allégorie des amours de l'Esprit et de la Religion, et de leur rupture, allégorie qui, par la poésie même que j'y ai mise, montre combien sincère et profond est chez moi le respect des choses religieuses. Ce passage est trop long pour que je le cite : j'aime mieux y renvoyer mes juges.

Plus bas, page 164, après avoir résumé la mission du Christianisme, je m'écrie :

« Oh ! le Christianisme est sublime, sublime dans la majesté de son dogme et dans la chaîne de ses déductions. Jamais pensée plus haute, système plus vaste, ne fut conçu, organisé parmi les hommes.

Moi qui n'y vois qu'une création provisoire de la conscience universelle, je ne puis m'empêcher de saluer en lui le génie de l'humanité,
qui pour le salut d'elle-même s'est imposé cette longue expiation.
Et je fais ici serment que, si l'Église parvient à renverser la thèse
nouvelle que je lui oppose, et contre laquelle elle ne trouvera
pas d'argument dans sa tradition, parce que les ennemis qu'elle a
combattus autrefois comme ceux qui l'attaquent aujourd'hui, lui
empruntant son principe, devaient être condamnés par les conséquences; si, dis-je, l'Église remporte contre la Révolution cette
victoire, j'abjure ma philosophie et je meurs dans ses bras. »

Est-ce là de l'outrage, de la dérision? L'ouvrage entier
est écrit de ce style, au point qu'il semble à toute âme pieuse,
mais plus dévouée à la Justice qu'à la piété, qu'en passant
avec moi de l'évangile du Christ à l'évangile de la Révolution,
elle ne change pas de doctrine, elle ne fait que parler une
autre langue. On a fait de mon commentaire sur le *Pater
noster*, un outrage à la morale. Voici quelques passages de
cette critique impie, qu'on n'a eu garde de citer :

Tome II, page 28-29 :

« Appel à la souveraine protection, acte de soumission à l'ordre
éternel, de dévouement à la Justice, de foi en son règne, de modération dans ses désirs, de regret des fautes commises, de charité
envers le prochain; reconnaissance du libre arbitre, invocation à
la vertu, anathème au vice, affirmation de la vérité : la morale de
quarante siècles est résumée dans ces humbles et émouvantes
paroles, que la tradition chrétienne attribue à son Homme-Dieu.

« Que de douleurs apaisées, de courages affermis, de ressenti-
ments vaincus, de doutes évanouis, par la récitation de cette
prière, plus accessible aux cœurs qu'aux intelligences ! Quand le
pauvre, avili, menteur, fainéant, nous aborde, la prière sur les
lèvres, telle est la grâce de cette parole vraiment évangélique,
que nous nous sentons portés, malgré nous, à l'aumône. *Pater
noster!...* »

Il me faudrait citer tout ce chapitre, l'un des moins
compris et des plus maltraités de mon ouvrage.

On parle d'outrage à la Religion : est-ce sérieux? La
science des religions a tué de nos jours le libertinage. Le
respect philosophique des cultes, le seul que nous commande
la loi de 1819, commence à Dupuis, l'auteur de l'*Origine*

des cultes. Fréret, de même que Spinoza, en est encore au dédain. Voltaire prend le parti héroïque de la dérision, souvent obscène : si Voltaire nous fait sourire, c'est que nous nous reportons par la pensée à ces temps difficiles, où l'esprit, dépourvu de savoir, mais irrité par l'extravagance cléricale, n'avait pour se défendre de l'obsession religieuse que les audaces de la satire et les joyeusetés de la licence. C'est pourquoi j'ai osé dire que Voltaire était le véritable poëte épique des temps modernes, non certes pour avoir fait la *Henriade,* mais pour avoir donné *Candide* et la *Pucelle.* Maintenant tout est fini : la morale déclarée par les écrivains même les plus religieux indépendante de la foi, à l'irrévérence pour le culte a succédé son interprétation. Et cette interprétation de la symbolique religieuse fait la base des croyances modernes, ainsi que je le dis encore, tome III, page 602-603 :

« Aussi haut que remontent les souvenirs du genre humain, soixante siècles par delà la guerre de Troie, d'après une tradition recueillie dans les temples par d'anciens écrivains, nous voyons la Religion servir de figure à la Justice; elle tient lieu de science morale, suppléée par la poésie du culte ce que la Raison pratique des peuples est incapable de définir, et cette figure, cette poésie, expression de la conscience primitive, est encore aujourd'hui et sera pendant bien des siècles après nous l'étude la plus attrayante du philosophe.

« Qu'est-ce que cette adoration, *religio*, d'un Être souverain, sinon une représentation de la Justice, c'est-à-dire du respect de l'humanité? Dieu est tout à la fois, d'un côté, la nature humaine élevée à l'infini et idéalisée; de l'autre, le concept, nullement absurde bien qu'indémontrable, d'un moi cosmique, comme qui dirait d'une Humanité universelle.

« Que sont ces trinités divines que l'on voit se dégager de toutes les mythologies, sinon la première catégorisation de l'âme humaine, individuelle et collective, dans ses puissances fondamentales? La Révolution n'a pas manqué de la reproduire dans sa devise fameuse; aucune philosophie du xixe siècle n'a pu s'en détacher.

« Vos anges ne sont-ils pas les forces collectives que l'Économie nous révèle, et dont l'équilibre fait l'objet du droit public et du droit humain?

« Que vous dirai-je de plus? Votre grâce n'est-elle pas cette faculté de l'idéal que la nature a mise en nous pour servir d'excitation perpétuelle à la justice? Vos sacrements les initiations de la famille et de la société? Votre péché originel une parabole de l'état de nature, dont la civilisation nous affranchit tous les jours? Votre culte de la Vierge une allégorie du mariage? Votre résurrection le rafraîchissement incessant de l'espèce, dans laquelle se conservent éternellement les formes, les tempéraments, les caractères, les idées et les affections des défunts? **Plus l'humanité vieillit, plus il s'amasse d'amour en ses entrailles :** quelle idée plus touchante pouvez-vous vous faire de votre destinée, chrétien que la mort terrifie?... Votre enfer et votre paradis, enfin, ne les retrouvez-vous pas tout entiers dans la sanction, pénale ou rémunératrice, qui accompagne le vice et la vertu ? Vous l'enseignez vous-même dans votre théologie; la véritable peine du damné est la peine du DAM ; par quel matérialisme y ajoutez-vous la peine du *sens?* »

Ah ! certes, à cette manière de penser sur la religion, il est permis de croire que l'on préférerait de beaucoup les polissonneries de la Régence, un instant remises à la mode par le faux libéralisme de 1814 à 1830. Béranger a fait une mort édifiante : celui qui, séparant la morale de la religion, ne voit dans celle-ci qu'une langue morte, celui-là ne se *réconciliera* jamais. Ce que la Religion, ce que le Christianisme eut jamais de plus profond et de plus poétique, devient, sans effort, sans plagiat, le revêtement de notre éthique révolutionnaire ; là sont, à vrai dire, nos origines, nos antiquités, nos traditions. Polythéisme, Magisme, Druidisme, Brahmanisme, Bouddhisme, Christianisme, tous ces systèmes métaphysico-théologiques, enfantés par le rêve de l'absolu et de l'idéal, ne sont en définitive que l'archéologie de la Justice, l'Apocalypse de la Révolution. De la Religion nous reprenons et nous nous assimilons tout, l'idée, le mythe, le sentiment, l'âme, en un mot; nous ne laissons à l'Église que la lettre morte, la momie. Si c'est un crime contre la Religion d'en affirmer ainsi la métamorphose, il faut faire une loi qui le définisse : à coup sûr, il n'y a pour elle ni dérision ni outrage.

SECONDE PARTIE DE L'ACCUSATION.

APOLOGIE DE FAITS QUALIFIÉS CRIMES OU DÉLITS ; ATTAQUE CONTRE
LE RESPECT DU AUX LOIS ; TROUBLE A LA PAIX PUBLIQUE PAR
L'EXCITATION DES CITOYENS AU MÉPRIS ET A LA HAINE LES UNS
DES AUTRES ; PROPAGATION FAITE DE MAUVAISE FOI DE FAUSSES
NOUVELLES.

Il manque au Code d'Instruction criminelle, touchant la
manière d'interpréter et qualifier les paroles, écrits et actions
des inculpés, un chapitre analogue à la Section V, Ch. III,
Tit. III, Liv. III, du Code civil, sur l'interprétation des conventions.

Si cet important chapitre, aussi important à lui seul que
les 643 articles dont se compose actuellement le Code
d'Instruction criminelle, avait existé, l'accusation contre
laquelle je suis forcé de me défendre devenait impossible ;
le ministère public n'aurait pas eu la latitude, en premier
lieu, de transformer en outrage à la morale publique et religieuse les imputations, purement doctrinales, que j'adresse
moi-même à la corporation ecclésiastique ; ensuite, il n'aurait
pas surchargé ce premier délit, tout entier de son invention,
de quatre autres délits non moins graves, mais dont la
réalité résulte uniquement de la torture et des mutilations
qu'il a fait subir à mon œuvre.

Le Code d'Instruction criminelle, procédant à l'instar du
Code civil, aurait dit par exemple :

1. On doit dans un écrit rechercher quelle a été la pensée générale de l'auteur, plutôt que de s'arrêter au sens littéral des
termes.

2. Les passages susceptibles de deux sens doivent être pris dans
le sens qui convient le plus au sujet du livre et aux conclusions
de l'écrivain.

3. Tous les chapitres, paragraphes et alinéas d'un ouvrage, s'in-
terprètent les uns par les autres, en donnant à chacun pour critère le sens qui résulte de l'ouvrage entier.

4. Lorsque dans un passage, l'écrivain s'est permis, pour l'ex-

plication de sa pensée, une comparaison ou une anecdote, il n'est pas censé pour cela avoir voulu présenter la comparaison comme un fait réel, ni garantir l'authenticité de l'anecdote.

5. Les objections qu'un auteur se propose, et les conséquences qu'il tire des théories de ses adversaires ne doivent pas lui être imputées comme si elles étaient l'expression de sa propre pensée et de ses sentiments : au contraire.

Averti par ces règles de sagesse, le magistrat ne serait plus exposé à tomber dans des méprises comme celles qui m'ont valu, de la part du Tribunal de Police correctionnelle, trois ans de prison.

J'entre en matière.

§ 1. *Apologie de faits qualifiés crimes ou délits.*

Le jugement porte :

« Attendu qu'à la page 309 du tome 3ᵉ, à propos d'une femme condamnée pour bigamie par la cour d'assises à deux ans de prison, le prévenu Proudhon s'efforce de justifier cette femme, en niant que le fait qu'elle a commis soit un crime, et proclame « qu'en dépit de l'Église et de la loi, cette femme est innocente et digne de respect ; »

« Qu'il est évident que dans ce passage Proudhon a fait l'apologie d'un fait qualifié crime par la loi pénale, et commis le délit que réprime le décret du 27 juillet 1849. »

Voici maintenant le passage incriminé et qui forme le quatorzième de l'accusation :

« Le 10 juillet 1855, la cour d'assises de la Seine condamnait à deux ans de prison une femme convaincue de bigamie dans les circonstances suivantes :

« Abandonnée par son mari, elle avait trouvé un amant qui, l'ayant emmenée dans son pays et voulant honorer son union, l'épousa. Tout poussait au mariage l'infortunée : l'abandon du premier mari, le vœu de l'amant et de sa famille, les convenances de la société, qui n'accepte plus, grâce au Christianisme, le concubinat, la pudeur même. Il y a mieux : cette femme qu'on accuse de bigamie est en réalité monogame ; et plus, pour la convaincre, on insiste sur les circonstances qui l'ont déterminée à célébrer des secondes noces, plus, en dépit de l'Église et de la loi qui l'imite, je la proclame innocente et digne de respect.

« Qu'est-ce donc qui fait son crime? A-t-elle vécu simultanément avec deux maris? Non : abandonnée du premier, elle s'est
attachée au second par un engagement loyal, sinon légal. C'est
contre la légalité, non contre l'amour, la justice, la raison, la pudeur, qu'elle a péché. Or, qu'est-ce que cette légalité? Un état
violent, créé par la spéculation théologique, qui ne laisse pas de
moyen terme à la femme abandonnée entre la bigamie, déclarée
crime, et le libertinage, qui emporte l'exclusion de la société.
Comme si la Justice consistait à créer des situations impossibles,
au lieu de s'emparer de celles qu'a faites la raison des temps et
des choses, pour les relever peu à peu par l'application du droit. »

Appliquons nos règles.

Les expressions qui dans ce passage ont choqué les juges
sont les suivantes : *Plus, en dépit de l'Église et de la loi qui
l'imite, je la proclame innocente et digne de respect.* Et plus
bas : *Qu'est-ce que cette légalité? Un état violent,* etc.

Ai-je, par ces paroles, fait l'apologie du crime de bigamie? Le Tribunal le dit; je le nie de toute l'énergie de ma
conscience. Et ce n'est pas de ma part une de ces dénégations
vaines, auxquelles on puisse opposer le dicton : *Tout mauvais
cas est niable ;* car si l'on veut prendre la peine d'éclairer ce
passage par l'ensemble, notamment par les Études X et XI,
tome III, page 184 à 486, on verra que personne plus que moi
n'affirme la famille et le mariage, ne repousse la polygamie,
la bigamie, la fornication et le divorce.

Ai-je seulement prétendu que dans l'espèce il n'y eût pas
crime, que la femme en question avait bien fait de se remarier, et que la Cour d'assises avait eu tort de la condamner
pour fait de bigamie? — Pas davantage. C'est dans mon
livre, tome II, Étude VIIIe, chap. III, page 444 à 464, que,
pour la première fois peut-être, se trouve exposée cette
théorie protectrice, que, quelle que soit la loi, tant qu'elle
est admise de bonne foi comme l'expression de la Justice,
elle doit être respectée.

Quel est donc, en fin de compte, le sens de ce passage
dans lequel il est aussi impossible de découvrir une approbation de la bigamie qu'un blâme du jury?

La critique *d'un état violent*, CRÉÉ PAR LA SPÉCULATION

THÉOLOGIQUE, et *qui ne laisse pas de moyen terme à une femme abandonnée par son mari*, entre un remariage, déclaré par la loi *bigamie*, et par conséquent *crime*, tant que le premier mari est vivant, *et le libertinage, emportant exclusion de la société*. Critiquer un état de choses, critiquer même un état légal, une loi, ce n'est pas faire l'apologie du crime : autrement il faudrait dire que toute abrogation ou modification des lois, par l'autorité législative, est une apologie du crime.

Or, ce *moyen terme*, je l'indique moi-même, et c'est ce qui motive ma critique; ce moyen terme est ce que la loi *Julia* nommait *concubinatus*, ce que le Christianisme s'empressa, dès son origine, d'adopter, et qu'il confondit plus tard avec le mariage; ce que la conscience publique, plus forte que la loi, relève et tolère, sans pourtant l'égaler au mariage, et pourquoi j'invoque une légalité spéciale.

C'est donc toujours la vengeance de l'Église, auteur de cette fausse moralité, de cette légalité douloureuse, qu'on poursuit, en accusant son adversaire d'avoir fait l'apologie d'un crime, comme plus haut en l'accusant d'outrage à la morale.

Comment! Je demande, par respect pour le mariage, pour la loi, pour la Justice, qu'on fasse cesser une situation tragique, en créant un état légal au concubinat, un refuge décent aux femmes séparées de corps ou abandonnées; et l'on m'accuse de faire l'apologie d'une femme bigame! Mais que l'on accuse donc aussi la Cour d'assises qui, en condamnant cette femme, a reconnu néanmoins en sa faveur l'existence de circonstances atténuantes. En effet, le crime de bigamie est puni, d'après le Code pénal, des travaux forcés à temps, et la Cour n'a infligé que *deux ans de prison;* elle se fût contentée de deux mois, sans l'art. 46 du Code pénal, qui posait une limite à l'indulgence.

N'est-il pas vrai que le jury, la Cour, le ministère public ont pensé comme moi-même je parle : Au for intérieur, cette femme, trahie, délaissée, mais honnête dans ses mœurs, est innocente. Mais la loi existe; il faut qu'elle soit respectée : appliquons le *minimum*.

§ 2. — *Attaque contre le respect dû aux lois.*

Écoutons le Tribunal :

« Attendu qu'aux pages 519, 523 et 529 du tome 2ᵉ, il commet les attaques les plus flagrantes contre le respect dû aux lois ; qu'en effet, il ne craint pas d'écrire « que la société n'a pas le droit de punir le coupable, » soutient « que l'assassin devant ses juges peut leur dire qu'il rejette leur code parce qu'il ne croit pas en leur Dieu et en leur société dans laquelle il n'a pas reçu sa part, qu'il n'admet pas l'existence d'un lien juridique entre les hommes, qu'ils n'ont pas le droit de juger ; que, s'il a tué un homme, c'est qu'il était en guerre avec lui, que contre lui on ne peut user que de la force, et qu'il la méprise autant que le châtiment et la justice ; » que Proudhon enfin « fait la critique du code pénal, de ses catégories de délits et des termes de sa division des peines en afflictives et infamantes » qui, suivant lui, « fait aller le législateur et le juge de pair avec les scélérats qu'ils poursuivent, » et proclame ce qu'il appelle « l'épouvantable arbitraire avec lequel on distribue et on applique les peines, » et qu'il termine en disant que « tel condamné à mort a fait preuve dans la perpétration de son crime de plus de sens moral que les juges n'en ont montré dans sa condamnation. »

Si j'avais affaire à la sainte Inquisition, je m'écrierais pour toute réponse : Calomnie ! et je me déshabillerais pour la torture. Mais je dois compte de mes pensées à des hommes qui ne sont pas d'Église, à des magistrats armés de la Justice de la Révolution : c'est pourquoi je m'expliquerai avec calme et confiance.

Dans un pays de théocratie, là où la morale et toutes les lois émanent de la révélation, où la sanction pénale n'est autre chose que l'exécution de la vengeance divine, je conçois qu'il y ait impiété, partant manque de respect aux lois, à présenter contre la législation pénale l'*objection* suivante, que je mets dans la bouche d'un assassin :

Quinzième passage ; tome III, page 519 :

« Dans l'état où se trouve aujourd'hui la question, il n'y a pas un assassin qui ne puisse dire à ses juges : Je ne crois ni à votre

Dieu ni à votre société, dans laquelle je n'ai pas reçu ma part. Je rejette votre code, et je vous récuse, vous, votre police et vos bourreaux. Il n'y a rien de commun entre vous et moi ; et quand même j'admettrais avec vous l'existence d'un lien juridique entre les hommes, vous n'auriez pas de quoi établir l'autorité que vous vous attribuez sur ma personne. Vous n'avez pas le droit de me frapper, pas le droit de me blâmer, pas le droit de m'accuser, pas même le droit de m'interroger ; et ma conscience, puisque vous parlez de conscience, se dérobe à toutes vos atteintes. J'ai tué **un** homme, c'est possible ; j'étais en guerre avec lui, comme je le suis à cette heure avec vous, comme vous l'êtes tous les uns avec les autres. Vous voilà réunis contre moi, et vous avez la force : usez-en, si cela vous plaît, comme j'en ai usé moi-même. Mais pas d'hypocrisie, surtout pas d'outrage. Je méprise, autant que vos châtiments, votre justice et votre blâme. »

Oui, dis-je, je comprends que dans le système de l'Église une pareille objection implique irrévérence, puisque la loi, selon l'Église, émanant essentiellement de la juridiction divine, la sanction pénale en émane à son tour, et que nier la théologie est la même chose que nier la Justice.

Mais nous ne sommes pas en présence du Saint-Office ; la loi française est indépendante de toute foi religieuse ; le Code pénal n'a rien de commun avec la pénitencerie sacrée ; tout homme a le droit, de par les principes de 89 et la constitution de l'Empire, de se dire athée. M. Berthelin, M. de Cordoën, ont bien voulu me dire eux-mêmes qu'ils ne discutaient ni ne reprochaient mes opinions.

J'ai donc le droit de m'élever contre les savants jurisconsultes qui raisonnent aujourd'hui, à Paris, de la sanction du droit, comme s'ils étaient à Rome, professeurs nommés par le Saint-Siége, pour l'enseignement du droit canon ; et je m'étonne qu'un procureur impérial, un magistrat de la Révolution, me reproche cette *objection* parfaitement légitime comme un manque de respect.

Ah ! sans doute si mon livre n'était dans son ensemble qu'une œuvre de scepticisme ; si je n'affirmais pas, dans ce livre, autant que je nie ; si après avoir renversé tour à tour, et le système du droit divin, et le système de la Révolution, en tout ce qui touche les personnes, les biens, l'État, l'éducation, le travail, les idées, la liberté, le progrès, la famille et le mariage, ne laissant après moi que des ruines, je terminais cette entreprise de destruction par une ironie sur le Droit pénal; sans doute on pourrait dire que, sous forme d'objection, j'ai donné ma vraie pensée et mis le comble à mes délits.

Mais c'est le contraire que j'ai fait : mon livre débute par une protestation contre le scepticisme moral qui afflige notre époque (tome Ier, *Prologue*, page 1 à 68), et qui a son origine dans la théologie elle-même (tome II, *Étude VIII*, page 413 à 464); d'un bout à l'autre, je ne cesse d'affirmer la loi, le droit, le devoir, la Justice, et d'en déterminer les principes; et je termine par une dernière Étude, tome III, page 487 à 608, dans laquelle le problème de la sanction pénale est enfin résolu.

Dans un ouvrage aussi dogmatique, il est absurde de prendre pour une ironie du scepticisme les objections que l'auteur se pose; et si l'accusation, qui a si bien relevé l'objection présentée à la page 519, y avait regardé de plus près, elle aurait trouvé, page 525, la réponse. Je la rapporterai tout à l'heure.

Mais voici où la préoccupation du ministère public se trahit avec encore plus de force.

Seizième passage ; tome III, page 523 :

« En vertu de la solidarité morale qui unit les hommes, il est rare qu'un acte de prévarication soit tout à fait isolé, et que le prévaricateur n'ait pas pour complice, direct ou indirect, la société et ses institutions. Nous sommes tous, du plus au moins, fautifs les uns envers les autres, et ce que dit Job n'est pas vrai : *Pécheur devant Dieu, je suis innocent devant les hommes.* Dans cette communauté de conscience, la Justice étant réciproque, la sanction l'est aussi; la réparation doit aller de même. Quelles sont les causes, les prétextes, si l'on veut, qui ont entraîné l'accusé? Quelle injustice, quel passe-droit, quelle faveur l'a provoqué? Quel mauvais exemple lui a été donné? Quelle omission, quelle contradiction du législateur a troublé son âme? De quel grief, soit de la part de la société, soit de la part des particuliers, a-t-il à se plaindre? De quel avantage, dépendant de la volonté publique, jouissent-ils dont il ne jouit pas lui-même? Voilà ce que le juge d'instruction doit rechercher avec autant de soin que les circonstances mêmes du crime ou délit ; car il faut que l'inculpé se l'entende dire : Si la société lui demande satisfaction, elle est prête à lui faire droit à lui-même, dans la mesure qui sera trouvée juste par le tribunal des arbitres, par le jury. Toute poursuite criminelle peut donner lieu à une action récriminatoire, et si la société ne va d'elle-même au-devant, l'accusé peut dire à ses accusateurs : « Vous tous qui êtes ici assemblés pour me juger, vous n'êtes pas meilleurs que moi. Confessez-vous les premiers, et je me confesserai à mon tour ; amendez-vous, et je suis prêt à satisfaire. »

Bien des gens se demanderont comment l'accusation a pu voir là un manque de respect aux lois? C'est à moi de le leur apprendre.

Tout à l'heure j'ai rapporté la principale *objection* que l'on peut faire contre les doctrines régnantes en matière de Droit pénal, objection tirée du défaut de religion du coupable. Maintenant, admettant le droit de juger et de punir, je cherche les *conditions* du jugement et de la peine ; et je dis que la première chose à faire est de s'assurer que rien, au dehors, de la part des hommes, directement ou indirectement, n'a servi de provocation. Et comme, selon moi, la provocation, à un degré si faible qu'on voudra, EXISTE TOUJOURS, je conclus que la *balance* du délit et de la réparation doit être faite en conséquence. C'est ce qu'on appelle *circonstances atténuantes*, dont je fais ici la philosophie générale.

Or, dans le système de l'Église, fondé sur le principe de droit divin et d'autorité, les choses ne se passent pas ainsi. La source et la sanction de toute justice sont en Dieu ; les hommes ne se devant rien les uns aux autres qu'en vertu du commandement divin, n'ont à répondre directement qu'à Dieu ; et comme l'Église, ou la société, est le fondé de pouvoirs de Dieu et l'organe de la loi, il s'ensuit que rechercher, en même temps que la culpabilité de l'accusé, le degré de complicité de l'Église, ce serait tomber dans une contradiction injurieuse à la Divinité et à la loi. *Remets-nous nos dettes comme nous les remettons à nos débiteurs*, dit le chrétien à Dieu dans l'Oraison dominicale : Cela exclut toute espèce d'atténuation provenant soit du vice de la loi, soit du fait de la société ou de l'Église. Autant vaudrait dire que l'homme accusé d'un crime ou délit a le droit de faire le procès à Dieu même. Partant de ce principe, passé depuis tant de siècles en habitude d'esprit, l'accusation me reproche donc d'avoir voulu, aux dépens de la loi, innocenter délinquants et criminels, en mettant dans le même sac accusés et accusateurs.

En termes plus simples, le ministère public professe, sur la question du droit de punir, la théorie chrétienne ; et parce que je conteste la vérité de cette théorie, à laquelle je substitue la théorie de la Révolution, il m'accuse de manquer de respect aux lois.

Mais je réponds au ministère public, avec la *Déclaration des droits de l'homme et du citoyen*, le premier et le plus essentiel de tous nos actes révolutionnaires, que le Droit étant l'apanage inné de l'homme, la Justice étant immanente en notre espèce, d'ailleurs sujette à faillir, nous nous devons un compte réciproque de nos fautes, ainsi que je le dis dans l'interprétation que j'ai donnée ailleurs de l'Oraison dominicale : *Acquittons-nous les uns les autres.*

Trouver là-dedans un délit, c'est me reprocher d'avoir fait le commentaire exact de la législation qui nous régit depuis 89, c'est faire le procès à la Révolution.

On comprend à cette heure le discours que j'ai mis dans la bouche d'un scélérat sans religion, discours auquel il est impossible, dans le système de l'Église, de répondre. On comprendra également le suivant qui, partant du principe de la réciprocité de la Justice, anéantit l'objection, et laisse le coupable sans excuse.

Tome III, page 525 :

« Un enfant a commis une faute. Le père, aussi soigneux de la dignité de son enfant que de la sienne propre, s'apprête à le relever. Que va-t-il lui dire ? Que nos savants criminalistes consultent leur propre cœur, voici ce qu'ils y trouveront :

« Mon fils, nous t'avons mis au monde, ta mère et moi, dans la sainteté de notre amour ; tu n'étais pas conçu que déjà nous pensions à toi comme au tiers associé de notre commune conscience, au continuateur et à l'héritier de notre justice. Pour te faire un lit de vertu, un héritage d'honneur, j'ai travaillé, j'ai peiné sans mesure ; je me suis sevré de plaisir, abstenu de volupté ; j'ai supporté, sans nuire aux autres, bien des injustices ; j'ai gardé mon âme sauve à travers les plus effroyables scandales ; je me suis appliqué, enfin, à paraître toujours devant toi tel que je voulais que tu fusses. Que t'ai-je fait, qui ait pu t'autoriser à commettre cette vilaine action qui me blesse au cœur et me couvre de honte? Quel mauvais exemple t'ai-je donné? Parle, afin que je reconnaisse mon tort, et qu'avant de te demander satisfaction, j'humilie devant ta jeunesse mes cheveux blancs. Sais-tu que, dans la voie où tu entres, il n'y a d'issue que le parricide? Celui qui désole la conscience de son père sera conduit tôt ou tard à lui ôter la vie, afin de se délivrer de ses reproches. Je n'entends pas humilier ta fierté, je ne veux ni t'humilier ni te flétrir ; mais, coupable envers notre conscience domestique, tu ne peux te réconcilier avec elle que par une réparation : c'est cette réparation que je te demande, comme je suis prêt à réparer mes torts, si j'ai mérité de ta part quelque blâme. J'ai voulu en te donnant l'existence, produire un homme : ce que tu as fait est un acte bestial. A toi de voir à quel prix tu penses reconquérir ma tendresse, ou si, dès à présent, je dois procéder à ton égard comme avec un étranger, un ennemi... »

Vis-à-vis de tout coupable, le juge remplit, au nom de la société, l'office de ce père. Ce sera le père de l'Évangile, qui tue le veau gras quand son fils prodigue revient à résipiscence ; ce sera un Brutus, s'il a affaire à un scélérat endurci et désespéré.

Pourquoi, en regard des deux pages incriminées, 519 et 523, le ministère public n'a-t-il pas cité celle-là?

Dix-septième passage; tome III, page 529.

Le droit d'exiger réparation du crime et du délit ainsi établi, l'objection résolue, les conditions de la réparation déterminées, une dernière question se présente, celle de savoir en quoi consiste cette réparation.

Là-dessus il existe deux systèmes, celui des châtiments corporels et des humiliations de la dignité, contre lequel je me prononce;—celui des réparations morales, qui est le mien. Toujours la même déduction parallèle de deux philosophies, l'une qui, au nom de Dieu, afflige l'homme coupable et le traite en esclave ; l'autre qui le relève, et après chaque chute le porte plus haut, comme si la réparation ajoutait à sa noblesse. C'est au milieu de cette discussion que se trouvent ces lignes :

« Ce serait le lieu de faire la critique de notre code pénal, de ses catégories de délits et de crimes, de sa division des peines en *afflictives* et *infamantes*, division qui·fait aller le législateur et le juge de pair avec les scélérats qu'ils poursuivent ; enfin de l'épouvantable arbitraire avec lequel on distribue ces peines et on les applique. Tel que la loi frappe d'une peine correctionnelle légère devrait être excommunié du genre humain ; tel condamné·à mort a fait preuve dans la perpétration de son crime, de plus de sens moral que ses juges n'en ont montré dans la condamnation. »

La citation du ministère public s'arrête là. Je regrette qu'il n'ait pas cru devoir rapporter encore les neuf lignes qui suivent : le Tribunal aurait deviné ma réponse.

« Nous retrouvons ici à chaque pas la trace de l'esprit théologique et matérialiste qui présida à la rédaction de ce code : théorie de la transcendance de la loi morale et de la divinité de sa sanction ; théorie de l'indignité originelle de l'homme et de la nécessité de l'expurger, par des sévices exercés sur son corps, sur son âme et toute sa personne. Nulle idée de la communauté juridique, de la réciprocité de la satisfaction, de la nature de payement qu'appelle la dette du crime... Qu'il me suffise d'avoir posé les principes... »

Je remercie d'abord le Tribunal de n'avoir pas un instant supposé que je voulusse injurier la magistrature, en me servant de phrases comme celle-ci : *Division qui fait aller le législateur et le juge de pair avec les scélérats qu'ils poursuivent ;* ou comme cette autre : *Tel condamné à mort a fait preuve, dans la perpétration de son crime, de plus de sens moral que ses juges n'en ont montré dans la condamnation.*

Le Tribunal n'a pensé qu'à la loi, accusée par moi de produire des effets tels que le législateur et le juge, ce que la société offre de plus respectable, semblent descendre au niveau des scélérats, et que celui qui prononce la condamnation semble parfois doué de moins de sens moral que le condamné.

Encore une fois, grâces soient rendues au Tribunal, ma justification est faite.

Dire que le code pénal est encore empreint de barbarie, en quoi une semblable proposition attaque-t-elle le respect dû à la loi? Quel est le criminaliste qui, depuis trois siècles, n'a fait entendre des plaintes pareilles? A-t-on fait le procès à Beccaria pour avoir réclamé contre la torture, qui, donnée en présence du juge, faisait de celui-ci une sorte de confrère du bourreau? Comment donc serais-je coupable à mon tour, en reprenant la pensée de Beccaria, et disant que ces *afflictions* et *infamations* décernées par le Code déshonorent le caractère du magistrat, de la même manière que la torture le déshonorait autrefois? Le magistrat est un père; la pénalité du moyen âge en faisait un torsionnaire; la nôtre en fait un ministre d'affliction et de honte. Qui est le plus soigneux du respect de la loi et de l'honneur du magistrat, de celui qui crie réforme, ou de celui qui réclame le *statu quo?*

Je dirai la vérité telle qu'elle m'apparaît : j'ai promis que ma défense serait la confession de ma pensée.

C'est la théorie du droit divin qui, déniant à l'homme toute justice, toute dignité propre, traitant le pécheur en âme dépravée, a introduit dans les mœurs, en guise de pénitencerie, ce système de sévices et de flétrissures sans lequel la répression semblerait à beaucoup de gens illusoire, injurieuse même à la majesté divine. La dignité humaine prise en considération jusque dans la personne des scélérats, se disent ceux que je nomme transcendantalistes! a-t-on calculé la portée d'un pareil principe? Bientôt, il faudrait croire que le législateur qui décerne un châtiment manque par là même au respect de la loi, que sa loi est une dérision de la loi!...

Dieu me garde de toute imprudente parole : mais je ne puis m'empêcher de dire que notre système de répression, tel qu'il fut jadis inspiré par l'Église et que la Révolution l'a laissé, est loin d'être ce que l'on pourrait imaginer de plus respectueux pour la loi, formule du juste et du vrai.

Je remarque, par exemple, que la presse est régie par une série de lois, d'origine et de pensée très-différentes, et dans la confusion desquelles le juge, l'avocat, aussi bien que le justiciable, ont peine à se reconnaître : loi de 1814, loi de 1819, loi de 1822, loi de 1835, loi de 1848, loi de 1849, loi de 1852. Chaque gouvernement a fait la sienne, en raison de ses idées particulières et des besoins de sa défense, et sans pour cela abroger les lois antérieures. Serait-ce de la législation, quand ce n'est pas même de la logique ?

Regardant à la pénalité portée dans ces lois, je trouve que le gouvernement législateur s'est réservé une latitude telle que la répression devient tout à fait discrétionnaire : ainsi l'outrage à la morale publique et religieuse est passible d'un emprisonnement qui peut aller de un mois à un an, rapport 1 à 12 ; — le manque de respect aux lois, 1 mois à 2 ans, rapport 1 à 24 ; — l'attaque à la famille, 1 mois à 3 ans, rapport 1 à 36 ; — l'excitation des citoyens à la haine les uns des autres, 15 jours à 2 ans, rapport 1 à 48 ; — la diffamation envers les particuliers, 5 jours à un an, rapport 1 à 73 : les amendes à l'avenant. Quelle estime, je le demande, a d'elle-même une loi qui laisse à son organe tant d'arbitraire ?

J'ai demandé à l'honorable juge d'instruction, M. Rohault de Fleury, quelle était la ligne de démarcation précise entre les divers délits qui m'étaient imputés, par exemple, entre l'outrage à la morale religieuse, prévu par la loi de 1819, et l'outrage à la religion, prévu seulement par celle de 1822 ; — entre l'attaque à la famille, à laquelle n'avaient pensé ni le législateur de 1819, ni celui de 1822, mais qu'a su fort bien découvrir celui de 1848, et l'outrage à la morale publique, dont s'était contenté le premier ; — entre tous ces outrages et le manque de respect aux lois, ajouté par le législateur de 1849 ?

M. Rohault de Fleury n'a pu me répondre. « Ces délits, « m'a-t-il dit, rentrent l'un dans l'autre : cela dépend... » Cependant les peines ne sont pas les mêmes : elles diffèrent entre elles de 15 jours à un an, 2 ans, 3 ans, 5 ans, de sorte que selon la catégorie dans laquelle il conviendra de ranger un inculpé, il pourra être condamné à quinze jours de prison ou à cinq ans, rapport 1 à 130, et être envoyé en maison centrale. Cela dépend!...

Grâce au ciel, les juges y regardent de plus près que les législateurs, témoin cette femme bigame, que la Cour d'assises, dans son indulgence, a punie seulement de deux années de prison. Mais·serai-je accusé de manquer de respect aux lois, parce que je pense des lois exactement ce qu'en pensent mes juges?

§ 3. — *Trouble à la paix publique, par l'excitation des citoyens au mépris et à la haine les uns des autres.*

Je regarde ce chef d'accusation comme le plus dangereux de tous, d'abord, parce qu'il n'en est aucun auquel il soit si aisé de trouver des apparences; puis, parce que, d'après la nature de mes publications, il ne tient qu'à la Cour de dire que je suis, depuis vingt ans, en flagrant et perpétuel délit d'excitation à la haine.

Citons d'abord les termes du jugement :

« Attendu que s'efforçant, aux pages 285, 309 et 444 du tome Ier de son livre, aux pages 268 du tome IIe et 14 du tome IIIe, de semer la désunion entre les classes de la société, Proudhon prétend « que les patrons s'entendent, que les entrepreneurs se coalisent, que les compagnies se fusionnent, que les 15,000 propriétaires des trente mille maisons de Paris qui servent à loger un million d'hommes, rançonnent et grèvent le travail, affament les ouvriers, que la société gémit sous un régime de privilége et d'accaparement où tout est arrangé pour l'inégalité; » qu'il compare « l'ouvrier au serf du moyen âge attaché à la glèbe; » qu'il affirme « que si les ouvriers se mettent en grève, seul moyen qu'ils aient de faire admettre leurs réclamations, ils sont transportés sans pitié, voués aux fièvres de Cayenne et de Lambessa; » qu'il prétend que « l'armée est une Église affranchie de tout droit et de tout devoir humain, dont la morale se résume dans ce mot : la *consigne,* » dont la conscience est l'ordre de son chef, et dont l'intelligence est au bout de sa baïonnette; que plus loin, il signale « au mépris public l'armée, qui est la patrie de l'honneur, en disant qu'elle est le foyer de la trahison et de la lâcheté, et qu'il finit par proclamer qu'en présence de cette organisation sociale, où tout est faux, rien ne peut retenir l'insurrection, puisque le travailleur hait celui qui l'exploite; »

« Que dans ces passages Proudhon évidemment a cherché à troubler la paix publique en excitant le mépris et la haine des citoyens les uns contre les autres. »

La loi du 11 août 1848, qui a créé cette espèce de délit, a été rendue dans des circonstances dont nous nous souvenons tous.

Le droit du travail avait été posé contre le capital ;

Le prolétariat s'était levé, en avril et juin, contre la bourgeoisie ;

Les questions économiques, subordonnant toutes les autres, même celles du suffrage universel et de la république, avaient fait invasion dans la pensée publique et occupaient presque tout entières la Tribune et la Presse.

L'Assemblée constituante faisait les plus généreux efforts pour arrêter cet antagonisme, et l'empêcher de dégénérer en une guerre sociale. On repoussait, comme séditieuses, les distinctions de bourgeoisie et peuple : on voulait que tout le monde devînt propriétaire, capitaliste, patron ou tout au moins associé, comme tout le monde se flattait d'être travailleur.

C'est alors que fut votée la loi du 11 août, art. 7 :

« Quiconque aura cherché à troubler la paix publique en excitant le mépris ou la haine des citoyens les uns contre les autres, sera puni d'un emprisonnement de quinze jours à deux ans (rapport 1 à 48), et d'une amende de cent francs à quatre mille francs (rapport 1 à 40). »

Aujourd'hui la situation est notablement améliorée ; il me semble même qu'il serait de l'intérêt du gouvernement impérial de dire qu'elle est changée tout à fait.

La bourgeoisie travailleuse, et c'est l'immense majorité, n'a pas plus de haine contre l'ouvrier que l'ouvrier n'a de haine contre elle ; quant à l'armée, devenue hostile aux républicains à la suite du 2 décembre, on ne peut pas dire qu'elle soit haïe du peuple, qui, par *sept millions* de suffrages, a sanctionné son œuvre, et, après la guerre de Crimée, a applaudi à ses hauts faits.

Sous un pouvoir fort, quand le calme règne dans les esprits et dans la rue, que la multitude ne lit plus, on pouvait supposer que le moment était favorable pour reprendre, entre bourgeois, les discussions qui avaient un instant passionné le peuple, et qu'il importerait si fort de résoudre avant qu'il se passionnât de nouveau.

C'est ce que j'ai osé faire : pour mon malheur, le Tribunal ne l'a pas ainsi entendu. Voyons ce qui lui fait peine.

Dix-huitième passage; tome Ier, page 285 :

« Que les patrons s'entendent, que les entrepreneurs se coalisent, que les compagnies se fusionnent, le ministère public y peut d'autant moins que le Pouvoir pousse à la centralisation des intérêts capitalistes et l'encourage ; mais que les ouvriers qui ont le sentiment du droit que leur a légué la Révolution, protestent et se mettent en grève, seul moyen qu'ils aient de faire admettre leurs réclamations, ils sont châtiés, transportés sans pitié, voués aux fièvres de Cayenne et de Lambessa. Le serf du moyen âge était-il autrement attaché à la glèbe ? »

Dix-neuvième passage; tome Ier, page 309 :

« Quoi ! il y a à Paris trente mille maisons possédées par douze à quinze mille propriétaires et servant à loger plus d'un million d'âmes ; et il dépend de ces quinze mille propriétaires, contre rime et raison, de rançonner, pressurer, mettre hors, un million d'habitants ; de grever le travail, les produits, le commerce, par suite de ruiner les patrons et d'affamer les ouvriers ! On ne travaille plus, on ne gagne plus, s'écrie-t-on de tous côtés, que pour payer le loyer !... Non cela n'est pas possible : le Code et la tradition n'y ont rien compris, les économistes ont menti, l'Église est absurde. »

Voilà l'excitation à la haine.

Quelques mois avant la publication du livre *De la Justice,* il parut à Paris, avec la permission de l'autorité, une brochure in-32, avec ce titre, *Pourquoi des propriétaires à Paris ?* L'auteur faisait une critique, fort vive, de la propriété, de ses inconvénients, de l'âpreté des propriétaires ;

et il concluait à faire de la propriété bâtie tout entière une entreprise par actions. Naturellement, puisque la brochure avait paru avec la permission de l'autorité, le ministère public ne poursuivit pas. Mais pourquoi l'autorité avait-elle permis la publication de cette brochure? N'était-ce qu'une chose concertée entre l'auteur et la police, à seule fin de montrer jusqu'où va sous le gouvernement paternel du 2 décembre, la tolérance du pouvoir et son respect des idées? Ce serait triste. J'aime mieux croire que ce jour-là le ministère public, ne rêvant ni de religion ni d'église, trouva que la mise en commandite des 50,000 maisons de la capitale était une idée comme une autre, et qu'il fallait passer outre. Le ministère public eut raison; pourquoi n'en a-t-il pas usé de même à mon égard?

Ah! pourquoi : vous allez voir. C'est que l'auteur de la brochure ne poursuivait qu'une *affaire;* tandis que moi je parle DROIT, PRINCIPES, ÉGALITÉ, ce qui est bien différent. Le DROIT, dans la bouche d'un socialiste, est une atteinte à l'ordre; les PRINCIPES sont tout le contraire de la religion, et L'ÉGALITÉ outrage la morale. Nous en sommes là.

Constatons d'abord, au point de vue légal, l'innocence des deux passages incriminés par le ministère public.

D'après l'esprit qui a présidé à la rédaction de la loi, il faudrait, pour qu'il y eût dans ces deux passages délit d'excitation à la haine, que les circonstances dans lesquelles la publication de l'ouvrage a été faite fussent analogues à celles dans lesquelles la loi elle-même fut rendue; il faudrait que l'accusation signalât dans les esprits une agitation, entre les citoyens un commencement d'antagonisme. Or, quand la population fut-elle plus calme? Les temps sont loin : un chef d'école qui essayerait d'animer aujourd'hui les ouvriers contre leurs patrons ressemblerait fort à un Caïus Gracchus quelconque qui serait venu, au temps de Commode ou de Caracalla, réchauffer l'antique haine des plébéiens et des nobles. On aurait dit qu'il était fou, on ne l'aurait pas mis en jugement. M. Ferrari, l'historien récent des *Révolutions d'Italie,* s'est déclaré hautement gibelin : existe-t-il aujourd'hui un guelfe qui demande la proscription de M. Ferrari? Oui, quand je me reporte à l'année 1848, avant et après les funestes journées de juin, je suis du parti des ouvriers contre les bourgeois; m'en faire un crime, après dix ans écoulés, c'est comme si l'on me reprochait d'avoir dit, dans un autre endroit, que je suis *sans-culotte*. Qui se soucie, en 1858, de Marat, Hébert, Momoro, et de leurs bandes? Qui s'inquiète des processions du Luxembourg?...

Mais je sens que la Cour ne se contenterait pas de cette explication toute de saine politique et d'équité. J'aurais trop l'air de plaider les circonstances atténuantes, et ce n'est pas par de telles raisons que j'ai accoutumé de me défendre. La loi est générale, la justice sévère; je suis suspect : qu'ai-je à répondre?

Avec la franchise respectueuse que j'ai apportée dans mes précédentes réponses, je vais tâcher de satisfaire à la gravité de l'inculpation. Tant pis pour moi, si, en croyant me justifier, je ne fais que plaider contre moi-même les circonstances aggravantes.

Depuis la Révolution, l'égalité règne, en THÉORIE, dans nos lois; là, elle ne fait aucune acception de personnes ni de classes : l'art. 414 du code pénal, relatif aux coalitions de maîtres et d'ouvriers, en est la preuve :

« Sera punie d'un emprisonnement de six jours à trois mois, et d'une amende de seize francs à trois mille francs, 1° toute coalition entre ceux qui font travailler des ouvriers, tendant à forcer injustement et abusivement l'abaissement des salaires, s'il y a eu tentative ou commencement d'exécution; 2° toute coalition de la part des ouvriers, pour faire cesser en même temps de travailler, interdire le travail dans un atelier, empêcher de s'y rendre et d'y rester avant ou après certaines heures, et en général pour suspendre, empêcher, enchérir les travaux, s'il y a eu tentative ou commencement d'exécution. Dans les deux cas, les chefs ou moteurs seront punis d'un emprisonnement de deux à cinq ans. »

Voilà ce que dit la loi; et je la trouve d'autant plus sage qu'elle n'a pas égard à la différence des positions, qui rend généralement le pauvre plus excusable que le riche : elle a considéré d'ores et déjà le patron et l'ouvrier comme égaux, et elle leur applique la même peine.

Dans la *pratique*, c'est autre chose. Le principe d'autorité et de droit divin règne toujours, et neutralise l'égalité. Je lis dans le *Manuel du spéculateur à la bourse*, compilation rédigée sur les documents les plus authentiques, pages 413 et 414 :

« *Compagnie générale des Omnibus.* — Cette compagnie, constituée sous forme anonyme le 22 février 1855, pour une durée de 30 ans, résulte : 1° de la fusion des diverses entreprises d'omnibus affectés au service de la capitale ; 2° du privilége qui lui a été accordé, par décret du 5 août 1854, de faire seule ce service. Pour compléter le monopole, elle a acheté de M. Loubat le droit d'exploiter un système d'omnibus sur rails, dont le cessionnaire était l'inventeur. — Capital 12 millions ; emprunt, 8 millions.

« *Compagnie impériale des voitures de Paris.* — Fondée le 18 août 1855, sous la raison sociale E. Caillard et Cie. Durée, 60 ans ; capital, 40 millions, représentés par 600,000 actions libérées, dont 75,000 destinées à rembourser les anciens entrepreneurs de voitures, dépossédés ou fusionnés en suite du privilége accordé à la Compagnie impériale par le préfet de police. »

Je passe sous silence les mines, les forges, les hauts fourneaux, les manufactures, les docks, la batellerie, les chemins de fer, tout ce qui est fusionné. Deux ou trois exemples suffisent.

Assurément, l'association est chose licite : mais, pour que l'égalité, voulue par l'art. 414 du code pénal, existât entre les ouvriers et les maîtres, il faudrait, lorsqu'il se forme, par autorisation du gouvernement, une fusion d'entreprises, comme la *Compagnie générale des omnibus* et la *Compagnie impériale des voitures de Paris*, que les cochers et autres mercenaires employés par lesdites entreprises fussent autorisés à se former aussi en compagnie ou syndicat, pour la défense de leurs intérêts : faute de quoi la loi est éludée, au détriment des ouvriers.

Tout récemment, les journaux nous ont appris que l'affaire du Canal du Midi, c'est-à-dire la vente de ce canal à la Compagnie du chemin de fer du même nom, était terminée. ·

En même temps le public était informé que le tarif de navigation sur ce canal était élevé proportionnellement à celui du chemin de fer. En sorte que pour assurer le monopole du chemin de fer, on adjuge à la Compagnie le monopole du canal. C'est fort bien, puisqu'avec la concurrence de la voie navigable, le chemin de fer, qu'on a voulu à toute force, ne peut subsister. Mais a-t-on liquidé en même temps les intérêts des armateurs, des commissionnaires, des mariniers, des constructeurs de bateaux, des expéditeurs, de tous ceux enfin qui avaient avantage à ce que le bon marché de la navigation fût maintenu? Tant qu'on ne l'aura pas fait, il y aura violation de l'équilibre économique, constitution de monopole, inégalité, injustice (1).

J'ajoute que cette injustice est un mal d'autant plus grand qu'il est impossible au gouvernement, dans la route où il est engagé, de le prévenir; puisque, d'un côté, le mouvement industriel de l'époque et la politique du gouvernement poussent aux fusions, et que, de l'autre, si l'on autorisait les ouvriers à se former à leur tour en syndicats pour la défense de leurs droits, ce serait presque organiser la guerre sociale.

Non content de dénoncer cette situation, comme c'est le devoir de tout économiste, j'ai osé en faire entrevoir les conséquences désastreuses. Le principe d'égalité est dans la loi, me suis-je écrié; de la loi il a passé dans les esprits et dans les cœurs. Or, si la tradition du passé, appuyée sur l'égoïsme, fait résistance, que sortira-t-il du conflit? Et voici quelle a été ma réponse.

Vingtième passage; tome II, page 268 :

« Qui pourrait retenir l'insurrection?
« Dans les temps féodaux, le travailleur avait la conviction de

______

(1) Dans son voyage à Cherbourg, l'Empereur, parlant au corps des ingénieurs de Bretagne, à Saint-Brieuc, je crois, leur dit : « Je veux que « les canaux marchent comme les chemins de fer, et concourent simul- « tanément à la prospérité du pays. » Comment les canaux marcheront-ils, si on les met dans la dépendance des chemins de fer? La première condition d'existence et de marche, pour une industrie, c'est la liberté.

son infériorité; il croyait à la providentialité de sa condition, il portait en son cœur le respect de la noblesse, l'amour de la royauté, la religion du sacerdoce. Ces sentiments, qui lui faisaient prendre son sort en patience, aujourd'hui n'existent plus. Le travailleur hait ou soupçonne tout ce qu'il accuse de l'*exploiter*, c'est-à-dire tout ce qui n'est pas comme lui travailleur.

« A moins d'une transaction amiable, la bataille est inévitable. Et vainqueur ou vaincu, le travail imposera la loi au capital : car ce qui est dans la logique des faits arrive toujours, et il n'y a rien de plus inutile au monde que la victoire. »

Le Tribunal a vu dans ce passage une provocation à la révolte. Je me permettrai de faire observer au Tribunal qu'il s'est de nouveau et gravement mépris, en manquant aux règles d'interprétation indiquées par le Code civil, savoir, d'un côté, que les conséquences qu'un auteur déduit des principes de ses adversaires, précisément afin de montrer l'absurdité de ces principes, ne doivent pas lui être imputées comme si elles étaient l'expression de sa pensée propre; d'autre part, que la pensée d'un auteur doit être cherchée, non dans le sens littéral des termes, abstraction faite de ce qui précède et qui suit, mais dans l'ensemble de l'ouvrage et ses conclusions.

Si le Tribunal avait suivi ces règles de logique, qui sont en même temps des règles de droit, il ne m'aurait pas accusé d'excitation à la haine.

Certes, je le redis, parce que ce m'est un honneur de le redire, et qu'en le redisant je crois bien mériter de la Justice et de mon Pays : A moins que l'on ne parvienne à faire bientôt de la nation française ce que j'ai dit que l'Église, par son système d'éducation, tend à en faire (voir plus haut, page 75, *Douzième passage*), nous marchons, par l'opposition qui règne chez nous entre les principes et la pratique, à la guerre des classes; et quand on m'accuse de souffler cette guerre, moi je demande acte des efforts que je fais pour la prévenir.

Les chapitres d'où sont extraits les trois passages incriminés sont consacrés tout entiers à l'exposition des moyens de CONCILIER, par les voies du droit, les intérêts antagoniques : — (tome Ier, ÉTUDE III, chap. V et VI, pages 260 à 360; —

tome II, Étude VI, chap. V et VI, pages 208 à 268). L'accusation n'y a pas jeté les yeux, par la raison, dit-elle, qu'elle ne s'occupe pas des principes : en effet, elle ne recherche que les délits. Mais, sans s'occuper des principes, elle avait à vérifier si le délit était ou non impliqué dans les principes, puisque, s'il se trouvait que ce délit fût, dans la pensée de l'auteur, celui de l'état de choses, il y avait lieu dès lors, non plus à poursuivre l'écrivain, mais à lui décerner des éloges.

Le livre *De la Justice dans la Révolution et dans l'Église* n'est d'un bout à l'autre qu'un plan de conciliation générale, un projet de traité de paix entre les classes, et on l'accuse d'exciter à la haine ! Que ne citait-on encore cet endroit du tome III, page 548 :

« Vous chargez-vous, Monseigneur, tandis que nous prêcherons le prolétaire, de prêcher de votre côté le bourgeois ? Ce serait d'une grande édification pour le monde, et la paix serait bientôt faite. J'ai dit, en 1849, devant la Cour d'assises de la Seine, que le socialisme était la *réconciliation de tous les antagonismes*. Cette réconciliation, je vous en donne aujourd'hui la formule ; elle n'a rien qui puisse justifier l'opposition d'âme qui vive : c'est le retour à la Justice, à l'équilibre. »

En 1849, j'ai été condamné, pour mes idées de conciliation, à trois ans de prison ; en 1858, je le suis de nouveau à trois ans de prison. Lamourette, qui essaya de réconcilier les Jacobins et la Gironde, fut guillotiné. Serait-ce que, par la nature des choses, quand on parle de paix à des gens qui se haïssent, on les irrite ? Ou ne serait-ce pas plutôt qu'au fond de mon système de conciliation gît cette théorie, déduite du plus pur de la Révolution : Que les hommes, égaux devant la loi, sont destinés à le devenir encore, et progressivement, dans leurs conditions et leurs fortunes ; que pour cela il faut, en premier lieu, donner à tous, avec une éducation équivalente, des moyens suffisants de travail, puis faire une balance exacte des services et des produits ; que tel est le droit absolu des producteurs et des consommateurs ; mais que ce qui s'oppose à cette réforme égalitaire, ce qui depuis des milliers d'années rompt systématiquement l'équilibre et tient la société dans la servitude et la misère, c'est l'esprit théocratique et féodal, c'est l'Église...

Vingt-et-unième passage; tome III, page 14 :

« Nous vivons sous un régime de privilége, de coalition et d'accaparement, où tout est arrangé pour l'inégalité, où par conséquent tout est faux : l'industrie est fausse, le commerce faux, la propriété fausse, les perfectionnements faux, les balances fausses, par suite la comptabilité fausse, les comptes-rendus faux, les services scandaleusement exagérés ou dépréciés, les produits fictifs, les revenus pris sur le capital et consommés vingt ans à l'avance. »

Réduisons cette proposition à son expression la plus simple. Je soutiens que, par une multitude de causes dont j'indique seulement ici quelques-unes, et qui toutes ont leur source dans l'iniquité organique du système établi, il n'y a pas une fortune qui ne soit au-dessus ou au-dessous du chiffre que la justice, si justice était faite, lui assignerait. Et comme le nombre de ceux que le déficit frappe est de beaucoup plus considérable que le nombre de ceux dont la fortune excède la moyenne, il s'ensuit que les choses sont arrangées comme si la masse des humains était prédestinée à la misère, dans l'intérêt d'une fraction minime d'aristocrates. Cela est d'évidence mathématique, et je défie le ministère public de le nier. En quoi donc serais-je particulièrement coupable pour l'avoir osé dire?

Si j'avais prétendu, comme le Tribunal semble le croire, que *ce régime de privilége, où tout est faux*, est le produit d'une combinaison machiavélique, dont le gouvernement serait le chef, la classe des capitalistes et grands propriétaires les fauteurs, agents et bénéficiaires, je concevrais que l'on m'accusât de calomnie envers le gouvernement et la classe bourgeoise, et conséquemment d'excitation à la haine. J'en serais quitte pour témoigner mon regret, et la Cour ne me refuserait pas le pardon.

Mais, et je crains fort que ce ne soit justement là ce qui rend ma position mauvaise, telle n'a pas été ma pensée;

comme tous les autres, ce passage a été détourné, faute d'une méthode d'interprétation, ou plutôt faute d'une notion exacte de la justice, de sa signification véritable.

Il s'agit, pour moi, dans l'Étude IX d'où ce passage est tiré, de déterminer par quelles causes les nations tantôt avancent dans la civilisation, grandissent en richesse, en population et en puissance ; tantôt rétrogradent et s'éteignent. C'est le problème du *Progrès*, en un mot, dont je cherche la solution.

Pour trouver cette solution, il faut examiner la société à tous les points de vue, science, art, politique, industrie, etc.

Au point de vue de l'Économie politique, je dis qu'il n'y a pas progrès, parce que si, d'un côté, l'industrie, la force de production, semble prendre de vastes développements ; de l'autre, la répartition est en pleine anarchie ; l'équilibre, la balance, soit entre les valeurs, soit entre les services, n'existe nulle part.

Et pourquoi la balance n'existe-t-elle pas ? Parce que, comme je le disais tout à l'heure, bien que la Révolution ait posé, dans la loi, le principe de cette balance, à savoir l'égalité des droits ; le principe du privilége, ou l'inégalité, conséquence du droit divin, a continué, dans la pratique, de prévaloir ; de sorte que nous confessons de bouche une morale, et par tradition nous en suivons une autre. A qui la faute ? A la tradition elle-même, sans doute ; à la tradition, qui jamais ne conçut cette idée d'une balance économique, d'un équilibre dans la distribution des services, des capitaux et des produits, et qui se refuse obstinément à la concevoir.

Expliquons-nous par un exemple :

Depuis longtemps les journaux, comme s'ils eussent eu mission de préparer les esprits à la mesure, annonçaient que le gouvernement, voulant ramener la confiance parmi les porteurs d'actions et relever le crédit public, se disposait à garantir aux Compagnies de chemins de fer, à qui la construction et l'exploitation des voies ferrées deviennent de plus en plus onéreuses, un minimum du revenu brut.

D'après les dernières nouvelles qui me sont parvenues, l'affaire paraît ainsi arrangée : l'état garantit aux porteurs d'obligations des compagnies un minimum d'intérêt de 4 1/2 pour cent, après prélèvement d'un minimum de 70 fr. par action pour la compagnie d'Orléans, 50 fr. pour le Nord, 47 pour le Lyon, 38 pour l'Est, etc. Cela veut dire que si le produit brut du chemin de fer ne donne que 70 fr. de dividende pour l'Orléans, par exemple, en sorte qu'il ne reste rien pour l'intérêt des obligations, l'État paiera cet intérêt. Inutile d'ajouter que le journalisme en masse a goûté fort la mesure, de laquelle les parties intéressées se promettaient une hausse notable.

Sans doute, la garantie du gouvernement sera précieuse et aux porteurs d'obligations et aux porteurs d'actions : mais, pour être tout à fait dans la Justice, le gouvernement devrait offrir une garantie pareille à tous entrepreneurs d'industrie, garantir à tous ouvriers un minimum de salaire. Hors de là, il y a privilége, puis, conséquence inévitable du privilége, défaut d'équilibre, et tôt ou tard baisse générale.

Je me ferais fort de démontrer que cette crise interminable dont le Pays souffre, et qui, dans la voie où le gouvernement s'obstine à marcher, finira par la mort du pays ou par une catastrophe, cette crise est due tout entière à une complication de causes pareilles. C'est toujours l'esprit de privilége, né du droit divin, qui nous gouverne et que je dénonce.

— Théories, s'écrie, non sans impatience, le ministère public ; utopies, folies, dont les tribunaux n'ont pas à s'occuper. Que nous importent, à nous, et votre distinction des deux morales, et votre opposition du droit humain au droit divin, et votre exégèse de la Révolution? Nous repoussons vos doctrines, nous ne les connaissons seulement pas, nous ne voulons pas les connaître. Nous aurions fort à faire, s'il nous fallait examiner les billevesées de tous ceux que leur mauvais génie conduit entre nos mains. Ce qui est sûr, c'est que vos prétendues théories sont une semence de haine ; c'est que, ces théories fussent-elles vraies, vous troublez, par d'importunes et indiscrètes révélations, la paix publique.

Oh ! je sais que le magistrat, comme le théologien, est enclin à tenir les théories nouvelles pour suspectes ; il croit, et il en fait gloire, qu'il lui suffit, pour juger les choses, des lumières de sa vieille jurisprudence et des formules primitives du code. Mais je sais aussi que cette méthode immobiliste conduit aux plus étranges aberrations : je n'en veux pour exemple que les conclusions du procureur général M. SAPEY, dans le procès récemment tranché par la Cour d'appel de la Seine entre les sieurs Mosnier et Bonnard.

L'histoire est bonne à relater ici : elle me touche par plus d'un endroit.

Mosnier reprochait à Bonnard de l'avoir indignement mystifié par son système d'échange ; il citait dans un mémoire des faits nombreux frisant l'escroquerie, et demandait la résiliation de l'engagement qu'il avait fait avec cette soi-disant Banque de crédit. Le tribunal de Commerce, examinant l'affaire à fond, avec les lumières de la pratique et de la théorie, selon les principes d'un commerce loyal et d'une saine économie, avait donné tort à Bonnard, et prononcé la résiliation du contrat.

M. le procureur impérial Sapey soutint au contraire que la Cour n'avait point à se préoccuper de principes, que *l'affaire devait être appréciée en dehors de toute théorie économique et sociale*, et par les seules *notions du droit commun*. C'est-à-dire que M. Sapey demandait que l'on fermât les yeux sur une combinaison qui pouvait fort bien se résoudre, ainsi que l'avait pensé le tribunal de commerce, en une *gabgie*, pour ne s'occuper que de la forme extérieure du contrat. Absolument comme si, dans un procès relatif à la construction d'une maison, le propriétaire accusant l'architecte d'ignorance ou de mauvaise foi, on soutenait que l'affaire doit être appréciée indépendamment des principes de la statique et de la bâtisse, qui ne sont pas le fait des tribunaux. Sans doute les tribunaux, créés pour rendre la justice, n'ont point à se préoccuper des théories *en elles-mêmes* ; les tribunaux ne sont pas des comités chargés d'examiner la valeur

des systèmes économiques ou philosophiques, pas plus que
des inventions et perfectionnements industriels. Mais il appartient assurément aux tribunaux de voir ce qui, dans les
théories, de même que dans les contrats et dans leur exécution, a été fait selon la justice ou contrairement à la justice ;
et si, pour s'éclairer davantage, ils ont besoin du témoignage d'hommes spéciaux, ils nomment des *experts*. M. Sapey,
au contraire, soutient que les tribunaux n'ont pas besoin de
voir les choses, ni par leurs propres yeux, ni, en cas de cécité,
par les yeux d'autrui. Partant de là, il fit voir, très-docte-
ment, que la convention entre Mosnier et Bonnard, au point
de vue de la lettre du Code, et abstraction faite des *théories,*
étant régulière, il y avait lieu d'infirmer la décision des premiers juges : la Cour partagea son avis. Peut-être la Cour
a-t-elle rencontré juste ; peut-être Mosnier était-il aussi
sujet à caution que Bonnard : je suis tout disposé à m'en
rapporter sur ce point à l'arrêt. Mais il est sûr qu'en fermant
les yeux sur les *principes,* en ne s'occupant pas des *théories,*
la Cour s'est exposée à juger comme le célèbre Brid'oye,
sentenciant les procès au sort des dez. Peut-être aussi la
Cour a-t-elle voulu donner un avertissement salutaire aux
niais cupides, toujours prêts à confier leur fortune aux alchi-
mistes et aux inventeurs de mouvements perpétuels. En ce
cas les conclusions de M. Sapey s'expliqueraient par l'ironie :
seulement je les aimerais mieux dans les colonnes du *Cha-
rivari* que dans la bouche d'un procureur impérial.

Quoi qu'il en soit, au fond, de l'affaire Mosnier et Bonnard,
il est visible pour tout le monde que la théorie judiciaire de
M. Sapey, consistant à apprécier les faits déférés aux tribunaux en dehors des théories qui les ont produits, est la même
que celle qui a présidé à mon jugement et dicté ma condamnation. — « Nous ne discutons pas vos principes, ne
cessait de me dire M. Berthelin ; nous n'avons point ici à
apprécier vos théories : il s'agit uniquement de savoir si, en
dénonçant l'Église comme enseignant une méchante morale,
vous n'avez pas offensé la morale publique et religieuse ; si,
en critiquant les conditions économiques de la société, vous

n'avez pas, *ipso facto*, excité les citoyens à la haine les uns des autres. » — Eh! comment donc, Monsieur le Président, répliquais-je, voulez-vous que je me justifie, si je ne vous explique par quelle série d'idées j'ai été amené à accuser l'Église et à critiquer l'état social?...

Je voudrais que l'on me dît quelle différence il existe entre l'Inquisition condamnant les philosophes au bûcher, parce que leurs principes et leurs théories sont contraires à la foi; et nos Tribunaux de police correctionnelle et Cours impériales, condamnant à la prison les mêmes philosophes, attendu que lesdits Tribunaux et Cours, sans se préoccuper aucunement des principes et des théories, que la Révolution a rendus libres, ne considèrent que l'état actuel des choses, plus ou moins bien exprimé par la lettre des lois, rapportent tout à cet état de choses, prennent cet état de choses pour critère, et s'il se trouve que les faits ou les écrits qui leur sont déférés contredisent en quoi que ce soit cet état de choses, cela suffit, ils ont la faculté de les déclarer punissables?

L'Église arguant de sa possession pour s'en faire un titre à l'immutabilité, cela se comprend : elle est d'institution divine. Mais des magistrats de la Révolution appliquant à une société d'institution philosophique, à une société révolutionnaire, les maximes de conservation en usage dans l'Église, ce serait de la prévarication, si l'on ne devait l'attribuer à une ophthalmie de l'entendement.

N'en doutons pas : ce qui nous fait prendre pour des actes d'une administration régulière le bon plaisir des hommes qui gouvernent et leur système de favoritisme; ce qui entretient parmi nous la distinction des classes, les priviléges de naissance et de races, les ambitions de corporation, les vanités de métier ; ce qui fait que nous nous arrogeons sur toute chose une sorte de science infuse, que nous jugeons et pêchons en eau trouble, c'est ce vieux sentiment d'inégalité providentielle et féodale que nous avons gardé au fond du cœur, que la religion et l'Église y entretiennent, et qui arrête le développement des institutions nouvelles.

Un officier de santé de village, à qui le rétablissement de

la noblesse ferait certainement horreur, au demeurant pauvre hère, se refusa à faire de son fils un vétérinaire. — Je suis médecin, disait-il ; si mon fils devient vétérinaire, il n'y a pas de raison pour que mon petit-fils ne soit maréchal ferrant. — Le jeune homme est aujourd'hui troupier.

Voilà le principe de ce défaut de balance, de cette fausseté universelle, qui selon moi, arrête nos progrès. Ce n'est pas une classe de la société que je dénonce à la haine des autres, c'est toutes les classes que j'accuse à la fois ; c'est contre ces absurdes calculs de la vanité et de l'habitude, dont le contre-coup se fait sentir dans les actes du Pouvoir et jusque dans les décisions des tribunaux, que j'essaye de soulever l'opinion. Je soutiens que le maréchal ferrant, pourvu qu'il sache son métier, vaut le vétérinaire, et que le vétérinaire vaut le médecin : il est étrange, quand je rappelle les citoyens aux principes de 89, qu'on m'accuse de les exciter les uns contre les autres.

Mais, avec les principes de 89, que devient la hiérarchie sociale ? Que devient la noblesse ? Que devient l'Église ?...

Vingt-deuxième passage ; tome Ier, page 444 :

« La guerre, dit l'Église, entre dans le plan de la Providence, par conséquent dans les prévisions de l'empire catholique. L'armée est aussi une église, église terrible, affranchie de tout droit et de tout devoir humain, dont le dogme, la religion, l'économie, le gouvernement, la morale, se résument dans ce mot qui est sa raison d'état, *la consigne.* Le soldat ne connaît ni famille, ni amis, ni citoyens, ni justice, ni patrie : son pays est son drapeau ; sa conscience, l'ordre de son chef ; son intelligence, au bout de sa baïonnette. C'est pour cela que l'Éternel est un guerrier, *Dominus vir bellator,* aussi bien qu'un Dieu de paix, *Deus pacis.* C'est pour cela que l'Église a eu des pontifes belliqueux, Urbain II, Innocent III, Grégoire IX, chefs ou instigateurs de croisades, Jules II et une foule d'autres.

« Et en effet, la guerre n'est-elle pas l'état permanent de l'humanité ? Guerre contre le démon, guerre contre l'hérésie et la philosophie, guerre contre la chair et contre l'esprit ; par suite, guerre des peuples et des gouvernements les uns contre les autres, guerre partout, guerre toujours. La justice pourrait-elle exister de nation à nation, de prince à prince, d'État à État, quand elle n'existe pas dans la nation elle-même de prince à sujet, de gouvernement à citoyen?

« La guerre est l'expression violente de la pensée religieuse. L'armée, comme l'Église, est le monde du passe-droit, du favoritisme, du bon plaisir, de l'obéissance passive, du mépris de la vie et de la dignité humaines. C'est, dit-on, le foyer de l'héroïsme et du dévouement; c'est aussi celui de la trahison et de la lâcheté. Lisez, dans les mémoires et correspondances du temps, les plaintes des militaires, sous le consulat et le premier empire. Là, point de morale : nul souci du droit et des lois. —*Se bat-il bien*, demandait un général, à propos d'un soldat traduit en conseil de guerre pour crime de viol. — Oui. — Soyez indulgent. Le crime du soldat, comme celui du chrétien, ne prend de gravité qu'autant qu'il compromet le commandement, la hiérarchie, la discipline. Le serment militaire avant tout; mais le serment civique, qu'importe?... »

Cette page est une de celles que je me sais le plus de gré d'avoir écrites; aussi ma surprise fut grande, quand le juge d'instruction m'apprit qu'on m'en faisait justement un crime. Et quand je lis dans les considérants de mon jugement que *je signale au mépris public l'armée, qui est la patrie de l'honneur, en disant qu'elle est le foyer de la trahison et de la lâcheté*, j'avoue que je ne comprends pas davantage. J'ai peur, c'est la maladie des gens qui ne comprennent pas d'avoir peur et de se forger des chimères; j'ai peur, dis-je, qu'il n'y ait, sous cet incroyable travestissement de mes paroles, autre chose.

Si je m'étais rendu coupable envers l'armée française d'une insulte aussi absurde que celle qu'on me prête, je baisserais les yeux et demanderais grâce : ce serait toute ma réponse. Est-ce que nos soldats, de même que nos prêtres, à qui je les compare, ne sont pas des concitoyens, des hommes qui nous touchent par tous les côtés, par le sang, par l'éducation, par les idées, par le travail même, puisqu'il n'y a pas un jeune conscrit qui ne soit un travailleur? Comment veut-on que j'insulte l'armée?

Peut-être que l'accusation, se plaçant au point de vue de l'émeute, le souvenir encore plein de nos dernières luttes, aura vu dans mes paroles, inspirées, suivant elle, par l'esprit de parti, un cri de haine contre l'armée, qui, dans deux circonstances déplorables, en juin 1848 et en décembre 1851, a vaincu la démocratie.

Si telle a été seulement la pensée du Tribunal, je suis en mesure de satisfaire à l'interpellation. Que la Cour veuille bien prendre acte de la déclaration que je viens de faire : ce qui me reste à dire, montrera si elle est sincère.

Lorsqu'à la suite de ces mots, *La guerre entre dans le plan de la Providence*, j'ajoute ceux-ci, *L'armée est aussi une église*, il est évident que j'ai voulu dire TOUTE ARMÉE, et non pas *telle armée*, par exemple, l'armée française. L'article *la* est ici générique; il n'est pas déterminatif. C'est donc un état de choses, une situation sociale que je décris, non une classe de citoyens que je dénonce. L'armée française n'a pas plus à faire ici que les bachi-bouzouks ou les cipayes.

Quelle est maintenant cette situation, désignée par moi dans les deux termes qui en manifestent la réalité, la *guerre*, l'*armée*, corrélatifs de la *Religion*, l'*Église?*

Une situation fatale, créée par le régime de droit divin, et dans laquelle les rapports étant intervertis, la force l'emporte sur le droit, et la Justice est faite à rebours d'elle-même.

En principe, la guerre est un état dans lequel tous les actes que la Justice interdit à l'homme et au citoyen redeviennent le privilége du guerrier :

Droit de vie et de mort sur la personne du vaincu, et conséquemment droit de le mettre en servitude : la pratique de l'antiquité tout entière le prouve;

Droit de viol, tant sur les hommes que sur les femmes : le général romain Marius, après la victoire remportée sur les Teutons, ayant refusé d'accorder à leurs femmes la pudeur sauve, elles s'égorgèrent toutes entre elles et massacrèrent leurs enfants. En Algérie, quand les Arabes nous faisaient des prisonniers, usant à leur manière du droit de la guerre ils les violaient;

Droit de dévastation et d'incendie : on sait le mot de Napoléon sur Turenne, à qui l'on reprochait devant lui l'incendie du Palatinat : « Il avait le droit d'agir de la sorte, si cela entrait dans son plan, » dit Napoléon ;

Droit de pillage : toute ville prise d'assaut est livrée en récompense au soldat ;

Droit de massacre : la Convention ordonne de passer par les armes tous les prisonniers faits à Quiberon. C'étaient des Français traîtres à leur pays, dira-t-on. Sans doute : mais aux yeux des émigrés les républicains étaient aussi des traîtres.

Depuis des siècles, le progrès des mœurs et le sentiment de l'humanité ont apporté quelques restrictions à cet horrible droit : ce sont ces restrictions qu'on appelle aujourd'hui le *Droit de la guerre.*

Ainsi, on ne réduit plus des populations entières en esclavage, on ne les massacre pas ; on leur ôte leur nationalité, en les réunissant au domaine du vainqueur.

Au lieu de piller les villes, on frappe une contribution, soit en objets précieux, soit en numéraire.

Au lieu de massacrer en masse, on se contente d'une justice sommaire, comme celle du général Radetzki, en Italie.

Ces modifications et adoucissements au droit de guerre se réalisent au moyen de la *consigne,* mot dans lequel se résume toute la philosophie, toute la morale du soldat. Qu'on veuille bien ici ne pas prendre mes paroles en mauvaise part : c'est la gloire d'une nation et de ses armées que la consigne, en ce qui touche les restrictions apportées au droit de guerre, soit sévère ; mais il n'est pas moins vrai que la consigne fait de la vertu soldatesque un pur machinisme, auquel la conscience est aussi étrangère que la liberté l'est aux jésuites. Et c'est ce respect aveugle de la discipline qui fait toute la valeur du soldat : l'obéissance passive étant le nerf de l'armée, sans lequel point de salut, pas de victoire. Que serait-il arrivé, au 13 vendémiaire, si les soldats du général Bonaparte se fussent avisés de dire : Ces hommes, sur lesquels on nous ordonne de faire feu, sont nos concitoyens, ce sont des gardes nationaux, des Français, insurgés contre le despotisme de la Convention? Que serait-il arrivé, en juin 1848, en décembre 1851, si, au lieu d'obéir, l'armée se fût avisée de délibérer? Le parti démocratique peut regretter, et moi je regrette qu'elle ne l'ait pas fait : est-ce aux magistrats du gouvernement impérial de dire qu'en résumant la morale du soldat dans ce seul mot, la consigne, on le calomnie?

Voilà pourquoi j'ai pu dire en toute vérité et sans offenser personne, que, *si l'armée est le foyer de l'héroïsme et du dévouement, elle est aussi celui de la trahison et de la lâcheté :* le Tribunal a eu tort de supprimer le premier membre de phrase et de me faire dire simplement, *l'armée est le foyer de la trahison et de la lâcheté.*

Ce qui fait l'héroïsme du guerrier, la vertu des Scipion, des Du Guesclin, des Bayard, des Latour d'Auvergne, c'est qu'ils n'usent pas pour eux-mêmes du droit de la guerre, aussi désintéressés, aussi humains, aussi chastes que braves. A cet égard, aucun soldat, ni dans les temps anciens, ni dans les temps modernes, ne peut entrer en comparaison avec le soldat français.

Mais il n'est pas moins vrai que ce terrible droit de guerre, qui fait le fond de l'âme du soldat, et qu'amortissent bien faiblement les restrictions de la consigne, entretient dans la nation des habitudes funestes, et met la liberté constamment en péril. C'est pourquoi, depuis trente ans, l'opinion s'est prononcée de plus en plus contre le régime des armées permanentes ; c'est pour cela que l'Angleterre et les États-Unis ne souffrent pas d'armée chez eux, pour cela enfin que l'empereur Napoléon Ier tenait plus à sa gloire de législateur, de justicier et d'homme d'État, qu'à toutes ses campagnes (1).

---

(1) La Belgique a commencé la démolition de ses forteresses : on a démoli Ypres, Menin, Alh, Philippeville ; on parle de démolir Mons et Tournai, on demande la même chose pour Namur. En ce moment c'est un sujet de sérieuse controverse et une véritable anxiété pour le pays, de savoir si et comment il convient de fortifier Anvers. Beaucoup de gens trouvent, à cette gigantesque entreprise, plus de péril pour la liberté nationale que d'utilité. Le peuple belge, que son infériorité numérique entre de grandes puissances condamne à une neutralité

Je me résume sur ce chef :

Ce qui excite la haine entre les citoyens est l'opposition de leurs intérêts.

Or, l'opposition des intérêts a pour cause le principe de féodalité et de droit divin dont l'Église est le représentant, et le régime de guerre la sanction.

Pour mettre fin à cet état de choses, il faut trouver l'équilibre des forces et des intérêts : mon livre n'a pas d'autre

systématique, semble comprendre en ce moment que le plus sûr moyen pour lui de faire respecter sa neutralité, ce qui veut dire son indépendance, pourrait bien être de désarmer entièrement. On n'ose pas tout à fait s'abandonner à la foi des traités ; mais on a moins de confiance encore dans la vertu des citadelles ; on se dit que la garantie des quatre puissances vaudra, en somme, toujours plus que toutes les défenses militaires ; on n'est pas sûr qu'en présence de cette garantie des puissances, devenue article du droit public européen, les fortifications d'Anvers, inspirées par la méfiance, ne soient déjà un commencement de violation des traités ; on se demande ce que l'on répondrait à la Prusse, à l'Autriche, à la France, si l'une d'elles venait dire à la Belgique : Votre neutralité désarmée, neutralité que j'ai promis de respecter, et dont vous avez accepté de ma part la garantie, est une condition de sécurité pour moi vis-à-vis des autres signataires ; en conséquence je m'oppose à la construction de votre forteresse. On craint que par ce premier acte de militarisme intempestif, la Belgique ne perde son prestige de puissance pacifique, industrieuse et constitutionnelle, et que l'armement d'Anvers ne soit le point de départ de la décadence, intérieure et extérieure, de la nation. A tout cela se joint je ne sais quel pressentiment que le jour approche où, pour la Belgique et pour l'Europe, le droit sera décidément hors des atteintes de la force. En cela, je puis dire que les tendances du peuple belge sont pleinement d'accord avec celles du peuple de Paris, avec les aspirations les plus avancées du parti révolutionnaire. Si la République se rétablit en France, elle n'entreprendra, vis-à-vis de l'Europe civilisée, qu'une seule guerre, qu'elle saura mener rapidement à fin : ce sera la guerre du désarmement universel. Ces armées, dont après tout nous avons, nous autres Français, le droit d'être fiers, puisqu'il n'en fut jamais d'aussi belles ni d'aussi braves, nous n'en voulons plus ; nous ne voulons plus de citadelles, de glacis, ni de marches, plus de Cherbourgs ni de Gibraltars. Nous avons assez de cet affreux *métier*, qui a ses écoles, ses professeurs, ses manuels, sa législation, sa littérature, ses mœurs à lui : si les péquins nous semblent ridicules, les héros et les foudres de guerre nous paraissent surtout à craindre. Nous savons qu'il n'est pas de conquête qui profite autant que l'échange égal et libre ; et si un jour, revenus tous de l'exil, nous nous souvenons de la Belgique, ce ne sera pas pour demander son annexion à la France, cela n'a plus de sens dans nos idées, mais pour ouvrir à ses travailleurs et à ses produits nos portes toutes larges.

but ; je proteste contre toute autre interprétation. Dites, si vous voulez, que vous ne voulez pas de cet équilibre ; que vous repoussez la Révolution, et dans ses principes, et dans ses conséquences, et dans toutes ses œuvres ; faites le procès à la Révolution : mais respectez son interprète, qui n'en peut mais.

§ 4. — *Propagation de fausses nouvelles.*

Tout le monde s'est étonné de voir appliquer à un gros livre de philosophie morale l'article 15 du décret du 17 février 1852, rédigé certainement en vue de la presse périodique. — Un de mes amis, soigneux de ma réputation autant que de la vérité, a bien voulu m'avertir qu'en un endroit j'avais fait une citation inexacte de Sénèque ; qu'ailleurs j'avais mal traduit un passage de Cicéron ; que certains faits d'histoire ancienne, rapportés par moi comme exacts, laissaient à désirer. J'ai remercié cet ami, et pris note de ses remarques pour une seconde édition : devrais-je être poursuivi, pour ces peccadilles d'érudit, comme si j'avais débité des nouvelles fausses ? La théorie du Tribunal ne tendrait à rien moins : c'est pourquoi je la repousse énergiquement. Au surplus, voyons ces *nouvelles* :

« Attendu enfin que, dans les pages 250 et 450 du tome Ier de son livre, Proudhon a, de mauvaise foi, publié des nouvelles fausses ; qu'en effet il publie, et ce contrairement à la vérité, ainsi qu'il l'a reconnu à l'audience, que, « sous l'inspiration du clergé, s'accomplit une épuration générale, auprès de laquelle les épurations de Robespierre ne seraient qu'un jeu, et qu'il a été dressé des listes pour une première fournée de 40,000 individus qui seraient, selon son expression, « les plus insalubres de l'Europe ; » qu'enfin il représente « comme ayant négligé en Crimée les malades qui ne se confessaient pas, les sœurs de charité, » qui, en réalité, ont été dans la dernière guerre la Providence du soldat, quelles que fussent sa croyance et sa nationalité ;

« Attendu, quant à l'application du décret du 17 février 1852, que les termes de ce décret sont généraux, qu'ils punissent toute publication de tout fait faux, sans imposer cette condition que le fait soit présenté comme actuel au moment de la publication; que le législateur n'a pu vouloir distinguer entre le cas où le fait publié vient de se passer et celui où un certain laps de temps s'est écoulé depuis que ce fait se serait produit, puisque dans l'un et l'autre cas est égal le danger que veut conjurer le décret, et qui est la conséquence de la propagation de la nouvelle fausse; que le législateur s'est préoccupé surtout du caractère nuisible de la nouvelle; que d'ailleurs, dans l'espèce, le premier fait faux livré à la publicité devait inquiéter le public, non-seulement pour le moment, mais pour l'avenir.

« Que Proudhon est donc convaincu d'avoir commis les délits prévus et punis par l'article 8 de la loi du 17 mai 1819, 7 du décret du 11 août 1848, 3 de la loi du 27 juillet 1849, et 15 du décret du 17 février 1852. »

Le Tribunal affirme que j'ai *reconnu à l'audience* la fausseté d'une nouvelle que j'aurais *publiée, de mauvaise foi,* dans mon livre. Ceci est grave. Beaucoup de personnes, présentes à l'audience, m'ont assuré que je n'avais rien reconnu du tout. Comme il ne m'est pas possible de contredire aussi vertement le Tribunal, je me bornerai à répondre que si j'ai *reconnu, à l'audience, la fausseté de la nouvelle,* telle qu'elle est relatée dans le jugement, je n'ai pas reconnu du moins que je l'eusse PUBLIÉE, ce qui met à néant le considérant du Tribunal. On va en juger.

A propos des arrestations, si nombreuses, qui eurent lieu en 1851 et 1852, à la suite du coup d'État, j'ai écrit :

Vingt-troisième passage; tome Ier, page 449-450 :

« Je ne demande pas l'usage que le clergé a fait de son influence dans nos commotions politiques; j'aime à croire qu'il n'a rempli qu'une mission de charité. La Terreur semblait revenue; une épuration générale, auprès de laquelle les épurations de Robespierre n'eussent été que jeu, s'accomplissait. Les choses furent poussées au point que le ministre de l'intérieur, M. de Persigny, se crut un jour obligé de refréner, par une circulaire officielle, ce zèle de proscription. D'après un *on dit,* il existerait des listes toutes dressées pour une première fournée de 40,000; ce qui est sûr du moins, c'est que le dossier de police d'un de mes amis porte le numéro 37,000 et tant, et qu'il a paru dans un journal de Cologne l'annonce d'une publication allemande où se trouverait une liste de 6,000 individus d'élite, réputés les plus insalubres de l'Europe, et sur lesquels doit s'étendre, au premier trouble, la main de la contre-révolution. »

Voici maintenant l'explication que j'ai donnée au Tribunal :

Dans le chap. V, tome Ier, ÉTUDE IVe ayant pour titre : *Corruption de la morale publique par le gouvernement de Providence,* entre autres résultats immoraux qui résultent, selon moi, d'un régime fondé sur le droit divin, ayant pour loi la raison d'état, pour sanction la force armée, l'un des plus graves est *la suspension de la confiance et de la charité publiques.*

Cela est écrit en toutes lettres, à la fin du paragraphe, dont le réquisitoire du ministère public n'a cité que la moitié.

Or, qui produit cette suspension de la confiance et de la charité publiques?

La rage des dénonciations, d'un côté; la terreur qu'elles font naître, de l'autre.

Cette rage, en 1852, est allée au point que le ministre de l'intérieur, M. de Persigny, crut devoir y mettre un terme par une circulaire. Je ne m'attendais pas qu'en rappelant un fait aussi honorable pour le gouvernement de l'Empereur, et en remontant aux causes qui le motivaient, je m'exposasse à commettre le délit de publication de fausses nouvelles. C'est le cas de m'appliquer les deux vers du bon Lafontaine :

> Ce monseigneur du Lion-là
> Fut parent de Caligula.

Il fallait que la fureur de dénoncer fût bien grande, en effet, pour que le ministre d'un pouvoir nouveau, d'un pouvoir qui n'avait pu s'établir que par une bataille, et qu'une partie de la nation traitait d'usurpateur tandis que l'autre partie l'acclamait comme sauveur; il fallait, dis-je, que la fureur de dénoncer fût bien grande, pour que le ministre d'un tel pouvoir crût devoir la réprimer.

Mais la terreur n'était pas moindre : on ne parlait, ce sont des *on dit* que je rapporte, que de fournées de 40,000 et de

100,000 ; on en parlait si bien, que la presse étrangère accueillait ces bruits et les convertissait en réalité.

N'est-ce pas ce qui s'est vu dans tous les temps : en 93, quand Marat, à moitié fou, demandait 100,000 têtes; après 1815, quand M. de Labourdonnaye faisait ses catégories? N'est-il pas officiel qu'en 1848, à la suite des journées de juin, il y eut une première transportation de 14,000 individus; après le coup d'État, une seconde à peu près égale ? Et dans sa dernière session le Corps législatif n'a-t-il pas voté une loi de sûreté générale, dirigée exclusivement, d'après le rapport du président M. de Morny, contre le *parti rouge*, et qui s'exécute tous les jours.

Relativement au personnel ecclésiastique, j'ai eu soin, comme toujours, de séparer les hommes de l'institution; j'ai déclaré expressément que tout en faisant remonter au principe du droit divin la cause de nos agitations politiques et de notre terrorisme, je ne rendais pas le clergé responsable : cela est encore écrit, en toutes lettres, en tête du passage incriminé, et dans les lignes qui suivent immédiatement.

Quoi ! je constate, je décris les symptômes d'une épidémie morale, particulière aux sociétés gouvernées par le droit divin, soumises à la raison d'état, chez qui le principe d'autorité tient lieu de justice et la consigne militaire de conscience ; c'est ce respect du fanatisme antique que je poursuis et dénonce : et l'on me fait dire, en dépit de mon texte, que *sous l'inspiration du clergé, il s'accomplit une épuration générale ; qu'une liste de* 40,000 *proscrits a été dressée,* etc. ! Ce n'est plus interpréter la pensée d'un écrivain, ce n'est pas même le citer : c'est le travestir.

A propos du n° 37,000 *et tant,* M. de Cordoën a donné une explication que je ne me rappelle plus, mais que j'accepte. S'ensuit-il que j'ai calomnié l'administration de la police, en publiant une nouvelle fausse? J'ai donné au n° 37,000 une portée qu'il n'a point : voilà tout. Naguère dans un procès qui a occupé l'attention publique, M. Jules Favre ayant mal saisi le sens d'un rapport de police, les faits furent rétablis sous leur véritable jour par le préfet M. Piétri ; il n'y eut pas de poursuite contre l'avocat : pourquoi n'en use-t-on pas de même à mon égard ?

Passons à la dernière nouvelle fausse.

Vingt-quatrième passage ; tome Ier, page 249-250 :

« Le clergé a la main partout. C'est lui qui a la direction des hôpitaux, des refuges, des salles d'asile, des ambulances, et nos soldats n'ont pas toujours eu à s'en louer. Un officier de l'armée de Crimée se plaignait que les sœurs dites de charité négligeassent les malades qui ne se confessaient pas. De temps immémorial, le clergé s'est arrogé le département de la bienfaisance publique, etc. »

Sur quoi le Tribunal, prenant en main la défense des sœurs, proteste que le fait allégué par moi, sur le rapport d'un officier, est calomnie pure ; que les sœurs de charité *sont la providence du soldat, quelles que soient sa religion et sa nationalité.*

J'ai peur que le Tribunal, pour avoir voulu faire trop bien les choses, n'ait mécontenté l'Église et les sœurs de charité. Cette philanthropie indifférentiste qu'il leur prête part d'un sentiment plus élevé que l'Évangile : à ce compte, je n'aurais qu'à applaudir, en constatant au sein même du parti de l'Église le progrès des idées nouvelles. Les sœurs de charité seraient donc plus que des chrétiennes, elles seraient des citoyennes !

Mais ce n'est pas de cela qu'il s'agit : ai-je publié ce que la loi appelle une *nouvelle fausse ?*

Le Tribunal l'affirme : à cette occasion, il émet, dans un considérant spécial, une théorie sur la manière d'interpréter le décret du 17 février 1852.

Tout à l'heure je m'expliquerai sur les sœurs de charité. Mais je répondrai d'abord au Tribunal que sa théorie donne à faux, qu'il n'a pas compris le sens et la portée du décret, et que, dans l'espèce, l'application qu'il en a faite est radicalement erronée, partant injuste.

Que dit le décret ?

« La publication de *nouvelles fausses,* de *pièces fabriquées, falsi-*

fiées, ou *mensongèrement attribuées* à des tiers, sera punie d'une amende de 50 fr. à 1,000 fr. — Si la publication ou reproduction est faite de mauvaise foi, ou si elle est de nature à troubler la paix publique, la peine sera d'un mois à un an d'emprisonnement, et d'une amende de 500 à 10,000 fr. Le maximum de la peine sera appliqué si la publication ou reproduction est tout à la fois de nature à troubler la paix publique et faite de mauvaise foi. »

C'est chose merveilleuse de voir avec quelle facilité se bâclent les lois, et avec quelle peine les tribunaux, chargés de les appliquer, parviennent à en saisir l'esprit.

Il semble d'abord évident de soi que cet article 15 du décret du 17 février 1852 concerne exclusivement les journaux et ne s'applique pas aux livres. Comment veut-on, en effet, qu'un livre, qui exige trois ans d'études, dix mois d'impression ; qui est volumineux et coûte cher ; qui se lit lentement, s'adresse à des lecteurs spéciaux, que les nouvelles et anecdotes intéressent beaucoup moins que les idées ; un livre dans lequel, suivant les règles d'interprétation que nous avons posées, l'anecdote ne sert que de revêtement à l'idée, n'est pas la chose essentielle ; comment, dis-je, supposer qu'une semblable publication puisse fournir matière à un délit de fausse nouvelle, *publiée de mauvaise foi, et avec l'intention de troubler la paix publique?* La brièveté, la célérité, la facilité du débit, sont les conditions nécessaires de la fausse nouvelle, prévue par le décret de 1852. Hors de là, elle est tout simplement stupide, et le prétendu délit absurde.

Le Tribunal n'a rien voulu entendre. Une tentation à laquelle la magistrature contemporaine cède volontiers et que la postérité lui reprochera, c'est d'étendre, par une généralisation arbitraire, l'application des lois à des cas que n'avait pas prévus ni même dû prévoir le législateur. J'en ai cité, dans le livre *De la Justice,* tome II, page 536, un exemple ; je ne m'attendais pas que je serais bientôt moi-même victime de ce déplorable entraînement. Eh bien ! puisque avec la justice actuelle un accusé doit avoir dix fois raison, j'admets pour un moment que le décret de 1852 n'ait fait aucune distinction des publications quotidiennes et des livres ; que la fausse nouvelle doive être poursuivie partout où elle se montre,

et que par conséquent le Tribunal ait eu raison de la punir en
ma personne, si elle existe dans mon livre; dans cette hypothèse même, je soutiens que le délit de fausse nouvelle qui
m'est reproché est tout entier de la création du juge; qu'il
est, comme l'outrage à la morale, le résultat d'une fausse
qualification; en deux mots, que si, dans le passage incriminé, il y a délit, ce délit n'est pas du tout celui de fausse
nouvelle, et que l'art. 15 du décret du 17 février 1852 ne
lui est aucunement applicable.

Je demande grâce pour cette discussion de légiste, qui
n'est pas d'ailleurs sans intérêt.

L'ensemble de l'article et la précision des termes qui
le composent, impliquent ceci : Pour qu'il y ait délit de publication de fausse nouvelle, il faut que la nouvelle, publiée
d'abord comme vraie, soit ensuite reconnue authentiquement
fausse, fausse dans son objectivité et sa matérialité, comme
il arrive d'une pièce *fabriquée, falsifiée* ou *mensongèrement
attribuée* à des tiers.

Car toute nouvelle se rapporte nécessairement à un FAIT :
et comme la vérité, en matière de fait, est ce qui existe
par soi-même, objectivement, et en dehors de l'intelligence
qui le saisit; de même la nouvelle fausse est l'annonce d'un
fait faux, d'une chose qui n'a pas d'existence objective, et dont
la réalité est toute dans l'imagination de l'inventeur. Il faut
donc, pour la constatation judiciaire du délit, que la fausseté
du fait soit matériellement et extrinsèquement démontrée :
autrement, si la fausseté de la nouvelle était laissée à l'appréciation du juge, ce serait lui qui créerait la vérité, et
comme, pour la création de la vérité, la raison de l'inculpé
vaut autant que celle du juge, ce serait le juge lui-même que
l'inculpé pourrait accuser de publier des nouvelles fausses.

Éclaircissons cela par des exemples.

Un particulier annonce que la banque de Londres suspend
ses payements. Le lendemain, les lettres venues d'Angleterre
témoignent toutes qu'il n'en est rien. La nouvelle était fausse;
le juge est en droit de l'affirmer et de sévir : pourquoi? parce
que la fausseté du fait a été reconnue authentiquement.

Un spéculateur de bourse annonce que Sébastopol est pris par les armées alliées : aussitôt la hausse se déclare ; peu s'en faut qu'on ne tire le canon et qu'on ne sonne les cloches. C'était un faux bruit, dont la Justice aurait puni justement l'auteur, si elle l'avait trouvé : pourquoi? parce que le magistrat aurait jugé la nouvelle prématurée, improbable, fausse? non ; parce que les dépêches venues de Crimée postérieurement à l'annonce en auraient démontré la fourberie.

Un jour, sur une dépêche mal écrite, encore plus mal lue, un illustre général se met en l'esprit que l'empereur est mort : je ne dirai point quelle conclusion l'illustre général s'apprêtait à tirer de cette grave nouvelle. Bientôt le pauvre homme put se remettre de son alarme, et comment? Tout simplement parce que le télégraphe électrique vint rectifier sa première opinion. L'empereur pardonna au zèle du général : il eût pu tout aussi bien, tout aussi justement, le destituer, pour avoir ajouté foi à une nouvelle dont il ne s'était pas mieux assuré.

Dans les exemples qui précèdent, le délit existe : il y a fausse nouvelle ; la preuve est faite démonstrativement par la manifestation subséquente de la vérité.

Mais il est des circonstances où la fausseté du fait annoncé ne peut pas être établie, soit que le fait échappe, par sa nature, à toute investigation empirique, soit qu'il ne puisse convenir à la Justice, ou même que la loi défende de le rechercher. Dans ce cas, il se peut encore qu'il existe dans la nouvelle un délit quelconque; mais ce ne sera plus le délit de fausse nouvelle, devenu, par l'impossibilité de tout contrôle, impossible.

Tous les jours, les feuilles catholiques sont pleines de récits d'apparitions de la Vierge, de guérisons opérées par des reliques, de transportations et même de transformations miraculeuses. L'*Univers religieux* du 18 mai contient l'histoire d'une jeune fille de Sourdes, département des Hautes-Pyrénées, à qui la Vierge Marie était plusieurs fois apparue, et qui fut vue, le 4 mars dernier, par plus de 5,000 personnes, en conversation avec la mère de Dieu, qu'elle assurait voir et entendre, bien que les 5,000 personnes présentes ne vissent ni n'entendissent rien. Une collecte fut aussitôt organisée pour la construction d'une chapelle sur le lieu de l'apparition ; dès le premier jour, le montant des sommes versées dépassait 1,500 fr.—La même feuille, n° du 6 juin, dans un article sur la bienheureuse Marie d'Agreda, raconte que cette sainte, qui vivait au commencement du XVIIe siècle et habitait Madrid, était transportée, pendant ses extases, de l'autre côté de l'Atlantique, dans le Nouveau-Mexique ; que là elle prêchait les Indiens, les convertissait, leur distribuait des images ; en sorte que, lorsque les pères franciscains arrivèrent pour prêcher l'Évangile aux Indiens, ils trouvèrent la besogne faite et leurs néophytes parfaitement instruits.—Mais voici quelque chose de plus extraordinaire encore, raconté par le même journal, n° du 16 juin. Une jeune femme, juive de religion, actrice de profession, après avoir mené joyeuse vie, atteinte de phthisie pulmonaire, entre à l'hôpital Saint-Louis, pavillon Sainte-Marie. Assaillie par les sœurs, elle finit par se convertir, et le 19 mai dernier elle recevait le baptême. Par une faveur du ciel, elle eut révélation du jour de sa mort, qui arriva, comme elle l'avait annoncé, le dernier jour de l'octave du Saint-Sacrement. Voici maintenant le merveilleux, du merveilleux comme on n'en vit jamais.

« J'étais à la chapelle, raconte le narrateur de l'*Univers*, M. Barrier (au moment où la malade, qu'il venait de visiter, rendait le dernier soupir), et je méditais cette divine parole de Jésus-Christ aux pharisiens : *Les femmes que vous avez perdues vous précéderont au royaume du ciel.* (Je n'ai pas trouvé ce passage à l'endroit cité par M. Barrier, et je ne sais s'il existe dans l'Évangile.) Mais je me trompais sans doute (en appelant la juive morte une *femme perdue*), puisque la vénérable mère Saint-L... a couronné de blanches fleurs (comme une vierge), et enveloppé de blancs vêtements la dépouille mortelle de A. L. purifiée, régénérée par les eaux baptismales ; et c'était cette autre parole divine que j'aurais dû méditer : *Ses péchés lui sont remis, parce qu'elle a beaucoup aimé.* »

L'amour m'a refait une virginité, dit la courtisane amoureuse ; en voici une à qui le baptême a rendu le pucelage.

C'est la mère Sainte-L... qui l'assure, et M. Barrier le donne clairement à entendre.

Tous ces jolis miracles, qui produisent de si jolies recettes, constituent-ils le délit de *fausse nouvelle?* Rien ne serait plus aisé à nos tribunaux, pour peu qu'ils y missent de bonne volonté, que de le dire. La physique expérimentale déclare tous ces faits impossibles; la raison les désavoue; quand, au lieu de saintes canonisées, comme Marie d'Agreda, ou de juives converties et réintégrées en leur primitive innocence, comme la jeune actrice A. L., il s'agit de sorciers, disant la bonne fortune ou préservant de la conscription, le ministère public n'hésite pas à poursuivre. Pourquoi donc, ici, ne poursuit-il pas? Est-ce que la *régénération* de l'actrice A. L. ne tombe pas dans la catégorie des pièces fabriquées, dont parle l'article 15 du décret de 1852? Rendons ici justice au ministère public : bien que la science nie de la manière la plus absolue l'existence de ces phénomènes, la Justice ne peut pas en constater directement la fausseté, condition indispensable pour qu'il y ait juridiquement nouvelle fausse.

Appliquons ces principes.

Il déplaît au gouvernement, protecteur de la religion et de l'Église, qu'un auteur avance, dans un livre de philosophie morale, que les sœurs de charité, non moins dévotes à la foi qu'à-la charité, usent quelquefois de contrainte pour faire confesser les malades, et témoignent envers les récalcitrants une négligence regrettable.

Soit : il y avait peut-être là matière, en vertu de la loi du 17 mai 1849, à accuser cet auteur de *diffamation;* mais de publication de fausse nouvelle, je le nie, et d'autant plus énergiquement que si l'inculpé essayait de justifier son dire, le Tribunal, en vertu de la loi du 26 mai 1849, lui interdirait la preuve. Il lui dirait ce que m'a dit l'honorable M. Berthelin : N'insistez pas, vous aggraveriez votre position. C'est-à-dire qu'en pareil cas il serait défendu de vérifier la nouvelle.

Eh bien! que le ministère public sorte de ce dilemme, s'il peut :

Ou vous m'accusez de *diffamation,* loi de 1849 : dans ce

cas, je le reconnais, la preuve est interdite, et je ne demande qu'à expliquer favorablement mes paroles;

Ou vous m'accusez de fausse nouvelle, loi de 1852 : dans ce cas, j'ai le droit de prouver le fait, et je demande à le prouver.

Car, ni vous ne pouvez, par une confusion des deux lois, me poursuivre pour un délit et suivre la procédure indiquée pour un autre; ni il ne vous appartient, dans le cas du délit de fausse nouvelle, de présumer la fausseté du fait, et de la déclarer, de votre science subjective, acquise. Ce n'est pas votre appréciation qui décide de la vérité ou de la fausseté des choses; comme la vérité existe, indépendamment de toute autorité humaine et de toute appréciation ou déclaration judiciaire, de même le mensonge ne peut résulter que d'une constatation matérielle.

Vous suffit-il maintenant de m'accuser simplement de diffamation? En ce cas, voici ma réponse.

Lorsque j'ai rapporté, sans le garantir, le propos d'un officier de l'armée de Crimée, propos que j'ai entendu répéter à l'audience même par un des gardes municipaux qui avait fait partie de l'armée d'Orient, je n'ai pas, croyez-le bien, attaché à ce propos la millième partie de l'importance qu'y a trouvée le Tribunal. J'ai voulu dire seulement, chose bien simple, que tout le monde sait, dont l'*Univers religieux*, que je citais tout à l'heure, rapporte un miraculeux exemple, et que l'Église tout entière tient à grand honneur : c'est que, quelle que soit la charité des personnes vouées par principe de religion au soin des malades, et j'accorde volontiers que cette charité est grande chez les sœurs, précisément parce que le dévouement de ces personnes tient à leur religion, elles sont entraînées à parler de religion aux malades, et même, à l'occasion, à user vis-à-vis d'eux d'une pieuse contrainte. Telle est la vérité, et bien loin qu'elles le prennent pour une calomnie, les sœurs le considèrent comme une gloire. La charité les consume, et *le zèle du Seigneur les dévore;* guérir les malades est leur amour, sauver les âmes est leur passion. C'est probablement à ce double esprit des sœurs, et à la crainte qu'il inspire, que sont dus les troubles arrivés à Bahia au commencement du mois de mars dernier, et dont l'*Univers religieux* parle dans son n° du 18 mai. La seule arrivée des sœurs de charité à Bahia faisant éclater une émeute, cela parle haut. Quant à moi, je ne reprocherais pas même aux sœurs leur excès de zèle, si je n'étais convaincu, en mon âme et conscience, qu'une charité appuyée seulement sur la foi est sujette à des indiscrétions regrettables et à de tristes défaillances, et que s'il est beau de servir ses frères pour l'amour de Dieu, il est plus sûr de les servir pour l'amour de l'humanité.

La Révolution ne laissera pas perdre l'institution des sœurs de charité. Elle la réformera, l'embellira, l'ennoblira ; elle en fera une sorte de conscription pour les jeunes filles. De telles paroles, dans ma bouche, sont le plus bel éloge que les bonnes sœurs aient jamais reçu, la plus complète réparation des médisances qui les peuvent atteindre.

J'ai fini l'examen des passages relevés par le ministère public.

Je ne doute pas que mon livre n'en contienne beaucoup d'autres qui lui paraissent aussi répréhensibles que ceux dont nous avons fait la revue ; mais, comme il a choisi lui-même ses échantillons, c'est d'après les échantillons qu'il lui a plu de produire qu'il convient de juger l'auteur et son ouvrage.

Que reste-t-il maintenant de cet échafaudage de délits où l'accusation a cru suppléer par le nombre à la réalité ? Des qualifications arbitraires, des travestissements et même des falsifications de textes, des propositions présentées à contre-sens, des objections prises pour des conclusions, des définitions traduites en injures, l'oubli constant des règles d'interprétation en matière d'écrits, une confusion perpétuelle du sacré et du profane, au moyen de laquelle on voudrait faire servir la hache séculière à la répression des attaques faites à l'Église ; enfin, le dédain le plus complet des principes, des institutions et des lois qui régissent, officiellement du moins, la nation française depuis 1789.

Rien, rien, rien, voilà le procès. Je puis défier le ministère public de rien fournir de positif, d'extraire de mon livre une proposition, un seul mot, qui tombe sous le coup de la loi, de la loi, dis-je, rapportée, comme mes paroles elles-mêmes, à sa pensée fondamentale, interprétée par sa pensée fondamentale, qui est la Révolution.

Et pourtant je ne réussirai pas à convaincre le ministère public ; et je sais fort bien que parmi les magistrats appelés à me juger, il en restera toujours que je ne convaincrai pas davantage. Quelque chose murmure en eux et gronde contre moi ; il leur semble que malgré tout un livre tel que le mien ne peut être souffert, qu'il est condamnable, qu'il doit être condamné. Ils pensent, et c'est ce qui rassure leur religion, que l'affaire qui leur est soumise est un de ces cas difficiles, équivoques, que la loi pénale n'a pas nettement prévus et définis, mais que le juge doit à la conscience publique, à sa propre conscience, de ne pas laisser impunis, au petit bonheur des considérants du jugement.

Eh bien ! Je veux aller chercher, jusqu'au fond de l'âme de mes juges, le sentiment hostile qui me condamne, le tirer au grand jour, le forcer de s'expliquer et le confondre.

Faisons un peu d'histoire.

Il y a tout à l'heure sept ans, un acte extra-légal du pouvoir exécutif vint brusquement changer la constitution politique du pays.

Pour justifier cet acte, obtenir le laissez-passer de six millions de voix, on dut le présenter, aux uns, comme la condition suprême du salut social ; aux autres, comme un retour aux principes de 89 ainsi qu'aux gloires du premier empire.

Or, si je fais observer, en passant, que le second de ces points de vue, destiné à calmer l'effervescence de la multitude, a été jusqu'à présent négligé, surtout quant aux *principes de* 89, je ne dirai rien qui offense le gouvernement impérial, et je ne calomnierai personne. On ne pouvait simultanément poursuivre, atteindre deux buts opposés, le salut de la fraction rétrograde du pays, alors la plus puissante, et le développement des principes que cette fraction a en horreur.

Fatalement engagé dans la résistance, le nouveau gouvernement ne pouvait donc, en eût-il eu la volonté, empêcher le principe que les circonstances lui imposaient, de produire ses conséquences. De là, dans le gouvernement et dans le Pays, une situation politique, légale, morale, radicalement inverse de celle qui existait avant le coup d'État. Un vent d'opinions qu'on croyait mortes se remit à souffler sur la nation ; de vieilles maximes redevinrent à la mode ; la pensée publique sembla remonter son cours ; habitudes, style, tout parut vouloir se reformer d'après un type perdu : on eût dit la revivification d'un cadavre par la pile de Volta.

Que nombre d'imbéciles aient cru à ce simulacre de palingénésie sociale, qui en doute? Mais voici le pis : d'autant que la sottise a sa part, sa très-grande part dans le gouvernement des affaires humaines, il a suffi que la tourbe qui la représente eût pris cette fantaisie d'exhumation du passé au sérieux pour que des esprits sensés, qu'afflige, que dégoûte le spectacle auquel ils assistent, répugnent maintenant à tout ce qui pourrait ébranler ce prétendu ordre de choses et remettre la société dans son *statu quo* légitime. Ce qui est fait est fait, disent-ils : qu'on n'y touche plus. Asservis qu'ils sont à une légalité de circonstance, ils perdent de vue le pacte fondamental, les droits fondamentaux, tous les principes sur lesquels repose le système des lois françaises. Au misérable intérêt d'une secte, d'une passion, d'un jour, ils sacrifient, sans sourciller, l'intérêt supérieur des générations et du développement social. Pour prendre une souris, ils mettent le feu à l'édifice.

Ainsi, pour rentrer dans le procès actuel, on avait cru devoir, après le coup d'état, rendre à l'Église, au catholicisme, ses honneurs séculaires. Sous Louis-Philippe, l'opinion eût mis un frein à cette fantaisie de religiosité : parce qu'à la suite du 2 décembre l'opinion est restée muette, il semble à certaines gens qu'il y ait eu novation dans le pacte entre l'Église et l'État, que cette novation résulte suffisamment du silence universel, d'après le proverbe, *Qui ne dit mot consent,* et malgré le code qui dit formellement qu'en matière de conventions « La novation ne se présume pas. » Et maintenant que la protestation s'est élevée, demandant, au nom des principes de 89, que l'Église rentre dans la modestie de son existence légale, et que la comédie finisse..., Ce langage, s'écrient-ils, est intolérable ; c'est outrager la religion, c'est outrager la morale... Et moi je réplique : Rien de ce que l'on revendique aujourd'hui en faveur de l'Église, rien de ce que l'on prétend faire pour elle n'est constitutionnel, n'est légal : loin de là, tout le droit, public et civil, dans son esprit et dans sa lettre, y est contraire. Vous voulez maintenir la pensée du coup d'état, venger l'honneur de l'Église, venger la religion. Je connais vos motifs ; je ne les discuterai point. Commencez donc par faire déclarer, par l'autorité compétente, que la Révolution est non avenue, que ses principes sont pernicieux et faux, sa morale réprouvée, ses droits abrogés, sa justice maudite. Il ne vous faut pas moins que cela pour motiver, contre mon livre, une condamnation. Car vous ne pensez pas sans doute que les *grands principes,* sur lesquels repose la Constitution impériale et d'après lesquels elle doit être interprétée, n'existent qu'autant qu'il plaît aux juges d'en faire mémoire. Vous ne pensez pas que cette législation bâtarde, conçue dans des jours mauvais, formée de pièces et de morceaux, qu'on appelle *Lois sur la presse,* subalternise, annule, ces *grands principes* ; qu'en matière de jurisprudence, le particulier absorbe le général, le neuf emporte le vieux, et que, par sept années d'une réaction équivoque, subreptice, la prescription soit acquise contre les idées, les institutions et les conquêtes de deux générations. Et qu'est-ce que votre Église, en présence de la société recréée par la Révolution ? Qu'est-ce que votre théologie, devant les manifestes de 89 et de 93 ?... Que la Cour y songe : la voie dans laquelle elle s'engagerait en confirmant la sentence des premiers juges aboutit, et c'est là que je l'arrête, à la négation absolue, frauduleuse, de tout notre état légal, état que l'irrévocable destinée nous a fait, que nul homme au monde n'a puissance

d'abroger, et hors duquel il n'y aurait pour la nation que déchéance et ignominie.

Je proteste contre toutes ces préoccupations d'un soi-disant
ordre public, qui ne serait autre chose que la mise en état
de siége des principes de 89 et la suspension de tous les
droits consacrés par la Révolution; je demande qu'il ne soit
plus question de religion ni d'Église dans le sanctuaire de la
loi, et que la justice, trop longtemps méconnue et entravée,
reprenne son libre cours.

Ces considérations me conduisent à rendre compte de
l'incident qui est venu compliquer le procès : je veux parler
de ma pétition au Sénat.

IV. — PÉTITION AU SÉNAT.

Dès le principe, je m'étais dit que la conclusion logique
de mon livre serait, après avoir reconnu si l'opinion y était
favorable, de provoquer une réforme du Concordat. Puis,
prévoyant le cas où je serais poursuivi pour la publication de
ce livre, et jugeant que la poursuite ne pourrait avoir lieu
qu'en vertu de la loi du 17 mai 1819, art. 13, qui concerne
la *diffamation* envers une corporation; ou bien en vertu de
la loi du 25 mars 1822, art. 1ᵉʳ, qui punit l'*outrage à la
religion;* ou bien enfin, si le ministère public jugeait à
propos de cumuler les deux délits, en vertu de l'une et de
l'autre loi, je m'étais dit encore que, ce cas échéant, je
pourrais me trouver dans la nécessité de devancer, par une
demande au Sénat, la manifestation de l'opinion.

De tout cela résultait pour moi un aspect nouveau, extraordinaire, de la question.

Qu'était-ce que ce livre, abstraction faite de la partie
positive qui sert comme d'exégèse à la Révolution?

Le procès fait à l'Église et au christianisme.

De quoi, dans cet ouvrage, l'Église, et par suite la religion chrétienne, sont-elles accusées?

D'enseigner une morale erronée, inférieure de tous points à la morale de la Révolution, devenue, depuis 89, la morale publique du peuple français et la base de son droit public.

Il ne me semblait pas possible de découvrir dans l'ouvrage d'autres prétextes d'accusation. Les délits *d'outrage à la morale publique et religieuse*, *d'apologie de faits qualifiés crimes ou délits*, *d'attaque au respect des lois*, *d'excitation à la haine*, de *publication de nouvelles fausses*, dont on me charge aujourd'hui, quand ils ne reposent pas sur des passages pris à contre-sens, tronqués ou travestis, sont tous — je crois l'avoir prouvé jusqu'à l'évidence—le produit de ce que j'appellerai la conscience religieuse, conscience dont l'effet sur l'entendement est que toute imputation faite à la religion d'une erreur en morale, semble à l'âme religieuse un outrage à la morale. Je ne reviendrai pas sur ce phénomène dont les premiers juges ont été si complétement dupes et moi victime : c'est ainsi que, dans tous les temps, la persécution s'est allumée contre les réformateurs; c'est ce qui faisait dire aux proconsuls romains que les chrétiens étaient des impies, des scélérats, des êtres impurs et immoraux, parce qu'ils trai-taient Vénus de coquine, Bacchus d'ivrogne, Mercure de voleur, Jupiter d'adultère.

Donc, concluais-je, de quelque religion que soient mes juges, je puis, les rappelant au principe de leur institution, leur tenir respectueusement ce langage :

Autre chose est la morale, dont les principes ont été officiellement posés par la Révolution; et autre chose la Religion et l'Église, tolérées, protégées, pour des raisons de pure politique, par la même Révolution.

En dénonçant, entre la Révolution et l'Église, un antagonisme que l'on ne soupçonnait pas, ai-je calomnié cette dernière et outragé sa religion?

Voilà la seule chose que le ministère public ait à examiner, et, s'il y a lieu, le seul procès qu'il me puisse faire.....

Ce raisonnement ne fut en rien modifié par la saisie du 28 avril et l'assignation qui me fut ensuite donnée. Bien que cette assignation, en effet, ne fît mention ni de *diffamation* envers l'Église, ni d'*outrage à la Religion*, je savais que le Tribunal avait le droit de changer la qualification des délits contenus dans les passages incriminés, et de motiver en conséquence son jugement.

Ce fut donc en prévision de cette double accusation, la seule rationnelle, la seule plausible, que nous pensâmes, mon conseil et moi, qu'il y avait lieu d'opposer à l'accusation, avant de plaider au fond, une demande de sursis, ainsi motivée (1) :

En PRINCIPE, d'après les lois de 1819 et 1822, la religion est considérée bénévolement, en France, comme un auxiliaire de la morale publique.

Conséquemment à ce principe, les cultes catholique, protestant et israélite, *reconnus par l'État,* jouissent de la protection des lois et du respect des citoyens; leurs ministres reçoivent des traitements du trésor public.

L'Église catholique, autrefois Église d'État, jouit en outre de priviléges spéciaux, garantis par le *Concordat.*

En FAIT, il est établi que la morale publique et la morale religieuse, fondées sur des principes différents, suivent des directions opposées, à telle enseigne que la France religieuse va en sens inverse de la France révolutionnaire. Quand même on contesterait ce *fait,* c'est le droit de tout citoyen, convaincu de sa réalité, de le dénoncer comme intéressant au plus haut degré la constitution politique du pays, la morale publique et l'ordre.

Du reste, c'est la Révolution qui, depuis 1789, régit officiellement la morale publique : tous les cultes obéissent à sa loi ; ce n'est même qu'à cette condition qu'ils peuvent être *reconnus.*

Il suit de là que la Religion n'est devant la loi qui la

(1) Voir à la fin du Mémoire la lettre que m'écrivit à cette occasion M. Gustave CHAUDEY, et dans laquelle se trouve résumé en quelques pages tout mon système de défense.

reconnaît, qu'une théorie susceptible de faux et de vrai, et qui par conséquent peut être jugée non-morale ; que l'Église, qui autrefois enveloppait la nation, maintenant est enveloppée par la Révolution et devenue constitutionnellement sa justiciable ; qu'enfin, en vertu du principe d'égalité devant la loi, tout citoyen peut être admis à reprocher à l'Église de manquer à la loi, le ministère public forcé de requérir contre l'Église, le Sénat de poursuivre sa dissolution.

La loi, en France, est athée, a dit un célèbre orateur. Athée, c'est-à-dire affranchie de toute profession de foi religieuse, fondée sur la connaissance progressive de l'homme, non plus sur la connaissance problématique de Dieu. Développant cette idée à l'audience mon défenseur ajoutait : « En revêtant sa toge, le magistrat abdique sa conscience chrétienne. La preuve, messieurs, que vous ne pouvez prendre aucun caractère religieux, c'est que si, comme magistrats, vous conserviez en vous quelque chose du catholique, et que vous eussiez à juger un protestant, vous devriez vous récuser ; et réciproquement si vous conserviez en vous quelque chose du protestant et que vous eussiez à juger un catholique, vous devriez encore vous récuser. Vous n'êtes ici que des hommes, des magistrats de la Révolution. »

Ces conséquences, pour l'Église, sont terribles : elles résultent de la volte-face qu'a faite la conscience publique, officielle, du peuple français, depuis 1789.

Dans cette situation, que va-t-il résulter du procès ?

Le conflit entre la Révolution et l'Église étant engagé par le procès en diffamation et outrage à la religion intenté à l'auteur du livre *De la Justice,* celui-ci, après avoir fait observer au Tribunal qu'il ne s'agit pas d'imputations de *faits,* mais d'imputations de *doctrines,* c'est-à-dire de choses qui rentrent dans le cercle de la libre discussion, se verra obligé, si le ministère public, assimilant les doctrines aux faits, maintient son inculpation, de maintenir aussi son dire, et aux termes de l'art. 25 de la loi du 26 mai 1819, de provoquer l'intervention du ministère public dans l'enseignement ecclésiastique et sa poursuite contre l'Église.

Tel est en effet le texte formel de la loi :

« Art. 25. — Lorsque les *faits* imputés seront punissables selon la loi, ou qu'il y aura des poursuites commencées à la requête du ministère public, ou que l'auteur de l'imputation aura dénoncé ces *faits,* il sera, durant l'instruction, sursis à la poursuite et au jugement du délit de diffamation (1). »

Si l'imputation d'une doctrine est assimilée à l'imputation d'un fait, il faut admettre que les règles de procédure seront les mêmes pour les deux cas : voilà le Tribunal de police correctionnelle transformé en Tribunal d'histoire et de philosophie. Veut-on aller jusque-là? L'exemple, que je suis loin d'approuver, en a été donné récemment dans le procès entre les héritiers du prince Eugène Beauharnais et l'éditeur Perrotin, à propos de la publication des *Mémoires* du duc de Raguse. Eh bien! soit : le Tribunal fera comparaître à sa barre la Bibliothèque des Pères.

Voici donc l'Église, plaidant pour son honorabilité doctrinale, contre la philosophie sa dénonciatrice, au tribunal de la Révolution.

(1) Un arrêt de la Cour de cassation, 1er juin 1855, chambre criminelle, a décidé que l'art. 25 de la loi du 26 mai 1819 était toujours en vigueur, nonobstant l'art. 28 du décret du 17 février 1852, qui dit qu'en aucun cas la preuve par témoins ne sera admise pour établir la vérité des faits diffamatoires.

Voici le texte de cet arrêt :

« Attendu que le décret du 17 février 1852 ne contient aucune disposition dérogatoire à celle de l'art. 25 de la loi du 26 mai 1819 ; — Que l'art. 28 du même décret interdit seulement d'une manière absolue la preuve par témoins des faits injurieux ou diffamatoires ; — Que si l'art. 27, en rétablissant les règles du Code d'Instruction criminelle pour la poursuite des délits commis par la voie de la presse ou de tout autre mode de publication a nécessairement abrogé ce que les lois de 1819 avaient de contraire à ce code, quant aux formes et aux délais de la poursuite, il ne s'ensuit pas qu'il ait abrogé l'art. 25 de la loi du 26 mai 1819 ; — Attendu, en effet, que les dispositions de cet article ne déterminent pas seulement une simple forme de procédure, mais qu'elles ouvrent un moyen de défense, au fond, au prévenu de diffamation ; — Attendu, en conséquence, que dans l'état des faits le jugement attaqué, en ordonnant le sursis demandé, a fait une saine application de la loi précitée, etc... »

(Confirmatif des arrêts des Cours d'Orléans et de Bordeaux, qui avaient statué dans le même sens.)

Quelle sera l'issue du débat?

Je ne vois que trois solutions possibles :

1. Ou bien l'auteur accusé de diffamation envers l'Église sera absous, par les motifs mêmes qu'il a développés dans son livre et qu'il aura reproduits dans sa défense, savoir, qu'il y a contradiction, incompatibilité, antagonisme, entre la morale de l'Église et la morale de la Révolution; que ce qu'on appelle morale religieuse n'est pas une morale, etc. — Dans ce cas l'Église est moralement déchue; son Concordat est virtuellement annulé; de cette simple décision de la Police correctionnelle surgit, dans la sphère des idées, une révolution;

2. Ou bien le Tribunal, cédant aux tendances réactionnaires de l'époque, se refusant à tout examen de doctrines, repoussant la distinction entre l'ordre divin et l'ordre humain, entre la religion et la morale, entre l'Église et la société; n'admettant la Révolution que comme un accident historique, mêlé de biens et de maux, mais sans valeur philosophique, sans portée régénératrice, déclarera l'accusé coupable. — Dans ce cas la Révolution est juridiquement niée; son principe de légitimité est détruit; tout ce qu'elle a créé est déclaré non avenu ou accepté sous bénéfice d'inventaire; le gouvernement est usurpatoire, le prince tyran, la loi impie. La France est livrée aux jésuites, la contre-révolution affirmée par autorité de justice, et nous revenons à l'ancien régime;

3. Ou bien enfin le Tribunal, effrayé de la gravité et des périls d'un semblable débat, placé dans la nécessité, soit de frapper l'Église, dont l'existence est garantie par un Concordat, soit de désavouer la Révolution, au nom de laquelle se rend la Justice; le Tribunal, dis-je, déclarera qu'il ne se juge pas, pour le moment, en position de statuer, et qu'avant faire droit, il convient d'attendre, avec la décision du Sénat, celle de l'autorité judiciaire sur les faits, c'est-à-dire sur les doctrines dénoncées. Bref, le Tribunal accordera le sursis demandé.

Telle fut la conclusion à laquelle j'essayai, avec l'approbation de mon conseil, d'amener le procès, en demandant au Sénat, par voie de pétition, la réforme des rapports entre l'Église et l'État. Plus l'accusation, dans les termes où elle se produisait, était insoutenable, plus il y avait lieu de s'attendre que le ministère public, par une rectification spontanée, en changerait la nature : la référence au Sénat devenait dès lors de bonne procédure, ainsi que de bonne justice.

Cette pensée, toute de modération de ma part, n'a été comprise par personne : ni par le Sénat, dont le premier mouvement fut de renvoyer la pétition au ministre de la Justice; ni par M. le Procureur impérial, qui découvrit dans la Pétition ce qu'il n'avait pas vu dans le livre, un délit d'outrage à la Religion; ni par le Tribunal, à qui l'idée d'un sursis fournit l'occasion d'une plaisanterie médiocre. « Que « penserait-on, disait M. Berthelin, d'un voleur qui deman- « derait qu'on sursît à son jugement jusqu'à ce que la loi qui « régit la propriété fût réformée ? » Comme si, dans le procès actuel, le véritable voleur n'était pas l'Église !... Et qu'eût répliqué M. Berthelin si j'avais été jusqu'à prétendre que les lois de 1819 et de 1822, concernant la protection à accorder à l'Église en raison de son utilité morale, sont virtuellement abrogées par l'art. 56 de la Constitution impériale, comme étant essentiellement contraires aux *grands principes de* 89, base unique du droit public des Français? Sans doute il aurait dit que c'est impossible ; que ce serait faire de la Constitution impériale, si religieuse (art. 26), un traquenard pour la Religion. Eh bien ! monsieur le Président, les lois de 1819 et de 1822, telles que vous entendez les appliquer à un livre de controverse, sont un traquenard pour la Révolution : laquelle des deux, de la Révolution ou de l'Église, pensez-vous maintenant qui doive succomber?

Voici le texte de cette pétition. Après les explications qu'on vient de lire, elle ne saurait offrir rien d'inquiétant.

PREMIÈRE PÉTITION.

Paris, ce 11 mai 1858.

Messieurs les Sénateurs,

Le soussigné, Pierre-Joseph Proudhon, auteur d'une publication récente intitulée : *De la Justice dans la Révolution et dans l'Église*, a l'honneur de vous exposer ce qui suit :

Le soussigné, frappé du désaccord qui existe, en doctrine et en fait, entre les *Principes de* 89, invoqués, en tête de la Constitution actuelle de la France, comme base du Droit public des Français, et la reconnaissance officielle d'une Église dont tous les principes et toutes les directions morales ont pour résultat de saper et d'ébranler cette base de notre Droit public, a dirigé toutes les forces de son esprit vers la recherche des moyens de remédier à ce désaccord, qui est une cause permanente de trouble pour les consciences et d'instabilité pour l'ordre social.

Il est arrivé à reconnaître que la vraie constitution de la société a pour fondement la JUSTICE, considérée tout à la fois comme puissance de l'âme et notion de l'entendement; que ce principe, animique et intelligible, est *immanent* à la nature humaine, et ne requiert pour agir le secours d'aucune influence extérieure, de quelque ordre qu'elle soit; que la famille et la cité sont ses organes naturels; qu'en lui se résument, comme en leur foyer, toutes les idées de 89, toutes les déclarations et constitutions qui ont suivi; mais qu'un tel principe est absolument incompatible avec la continuation de l'existence officielle de l'Église, telle du moins que l'a faite le Concordat de 1802.

La conséquence pratique à tirer de là, en se renfermant dans les moyens de réforme les plus strictement constitutionnels, c'est qu'il y a lieu de remanier complétement la législation actuelle, dans tout ce qui a pour objet le règlement des rapports de l'Église avec l'État.

Un tel remaniement, Messieurs les Sénateurs, n'a rien de nouveau ni d'exorbitant. L'exemple en a été donné par tous les gouvernements qui ont présidé depuis 1789 aux destinées du pays; il est devenu une tradition de notre Droit public; il découle très-constitutionnellement de la haute prérogative du Sénat, et très-constitutionnellement encore il appartient aux citoyens de provoquer l'intervention de cette haute prérogative, par l'exercice du droit de pétition.

« Le Sénat, dit la Constitution de 1852, est le gardien du pacte fondamental et des libertés publiques;

« Il règle tout ce qui n'a. pas été prévu par la Constitution, et
« qui est nécessaire à sa marche ;

« Il maintient ou annule tous les actes qui lui sont déférés
« comme inconstitutionnels par le Gouvernement, ou *dénoncés*,
« *pour la même cause, par les pétitions des citoyens.*

« Il peut également proposer des modifications à la Constitution. »

Le soussigné a pris au sérieux ces garanties offertes par la
Constitution à l'initiative des citoyens ; et c'est l'œil fixé sur ce
texte de la loi fondamentale, et avec l'intention de se prévaloir
des moyens de réforme.légale qu'elle lui assurait, qu'il a écrit son
livre *De la Justice dans la Révolution et dans l'Église.*

Il a voulu que ce livre servît d'exposé de motifs à la demande
qu'il se proposait de faire au Sénat d'une révision de la législation
relative à l'Église ; et comme il n'était pas possible de séparer un
pareil recours au Sénat d'un appel à l'opinion publique, il a dû
combiner les diverses parties de son ouvrage, en faire la rédaction
et en opérer la publication, de manière à saisir vivement cette
opinion souveraine, et à en préparer le concours dans les délibé-
rations du Corps politique spécialement chargé de la traduire en
élaborations législatives.

En conséquence, le soussigné, joignant son livre comme annexe à la présente pétition, et sans préjudice des productions
nouvelles, pièces justificatives et documents de toute nature dont
il jugera à propos ultérieurement de la faire suivre ;

Attendu, ainsi qu'il croit l'avoir établi par une longue controverse, que la société humaine possède en soi, du fait de notre
nature, tous les principes, toutes les notions, toute l'énergie, nécessaires à sa marche ; — que, loin que la conscience réclame
l'appui d'une sanction supérieure, la dépravation de l'ancienne
société est venue précisément de cette prétendue sanction, et que
telle est encore aujourd'hui la cause de l'affaiblissement des mœurs
publiques et domestiques ;

Attendu que la Révolution a eu pour objet de remédier à l'insuffisance de l'enseignement moral donné par l'Église ; par là, de
relever la dignité de l'homme, d'assurer l'équilibre des forces sociales, de fonder la liberté et la félicité du citoyen ;

Attendu que l'Église ne possède, en fait, aucune doctrine morale ; que par la nature de son dogme et par l'esprit de sa discipline
il est impossible qu'elle en produise une ; qu'elle est totalement dépourvue d'idées juridiques, tant en ce qui concerne les *personnes* qu'en ce qui touche l'*économie sociale,* l'*ordre politique,* l'*éducation,* le *travail,* la *direction de l'esprit ;* qu'elle ne connaît et ne
souffre ni *liberté,* ni *égalité,* ni *progrès,* ni *certitude ;* qu'elle ne sait
rien du *mariage* et de la *famille ;*

Attendu que, si depuis 89 la Révolution, en se séparant radicalement par son principe d'une Église établie depuis dix-huit siècles, a cru devoir néanmoins user à son égard de longanimité et de tolérance ; si elle a pourvu à l'existence du clergé ; si elle a entouré l'ancien culte de protection et de respect; si elle s'est abstenue vis-à-vis de lui de toute polémique officielle ; si elle est allée jusqu'à conserver à l'Église, malgré ses antécédents fâcheux, une part d'influence dans l'éducation de la jeunesse et la direction des mœurs publiques, il serait d'une souveraine erreur d'attribuer cette déférence de la Révolution à une pensée rétrograde, comme si la Révolution se défiait de la liberté et de la Justice ; qu'il ne faut voir ici que la prudence du législateur, obligé de traiter les générations nouvelles selon le degré de leur aptitude, et d'aller pas à pas ;

Attendu que l'Église, autrefois pouvoir égal de l'État, n'est plus maintenant, dans la France révolutionnée, qu'un établissement d'ordre inférieur, extra-constitutionnel *(ex-lex)*, dont l'existence précaire n'a de raison que dans la munificence du souverain, d'autant que la Révolution possède en soi sa constitution spirituelle et n'a besoin pour la formuler d'aucune hypothèse théologique ;

Attendu que cette même Église, condamnée par son dogme à un immobilisme fatal, méconnaît de plus en plus le système des droits que tend à développer la Révolution ; que par elle la Révolution ne cesse d'être calomniée, le principe de la légitimité du gouvernement révolutionnaire nié ; que, non contente de former un état dans l'État, elle aspire à ne faire de chaque état qu'une église particulière au sein de la grande Église dont Rome est la capitale, les jésuites la garde, et le pape l'autocrate ; que de cet antagonisme, chaque jour révélé par les tribunaux, entre l'Église et la Révolution, il résulte, pour les citoyens, un état d'agitation continuelle, prélude d'une guerre civile et sociale ; pour la succession des familles, frustrées de leurs biens, une menace instante ; pour l'État, un danger toujours prochain de révolte ;

Attendu que la prolongation de cet état de choses inquiète les amis de la Révolution et compromettrait aux yeux de la nation le gouvernement qui la tolérerait ;

Par ces motifs, et vu le progrès de la contre-révolution ecclésiastique,

Le soussigné demande à ce qu'il plaise au Sénat examiner s'il n'y a pas lieu, pour assurer le libre exercice des droits créés par la Révolution et rétablir la Constitution dans l'unité de son principe, de modifier la position faite à l'Église par le Concordat de 1802 et les constitutions subséquentes, dans le sens des articles proposés aux pages 606 et 607, tome III, du livre ci-annexé ;

Sinon, et faute par le clergé d'adhérer à cette réforme, déclarer l'Église déchue de tous les droits et bénéfices qu'elle tient de la Révolution, le budget des cultes supprimé, etc., etc., etc.

Le soussigné a l'honneur, etc.

Si mes informations sont exactes, ce qui a déterminé la saisie de cette pétition est le caractère de publicité que j'avais voulu lui donner en portant le tirage à 1,000 exemplaires, alors que le nombre des sénateurs est seulement de 170. Nous en sommes là aujourd'hui, que lorsqu'on a à parler au Pouvoir d'une chose qui intéresse l'universalité des citoyens, il faut, pour plaire au Pouvoir, éviter qu'elle vienne à la connaissance des citoyens.

Quelques observations à ce sujet ne seront point ici déplacées. Déjà l'on a commencé de procéder vis-à-vis de ma défense écrite comme on a fait vis-à-vis de ma pétition : le droit est le même pour toutes deux; il est à propos que j'en rappelle les principes.

Je demanderai donc au ministère public, à ce ministère public dont l'institution est toute révolutionnaire, comment il conçoit l'autorité législative? comment il conçoit l'autorité judiciaire? comment il conçoit l'action publique, c'est-à-dire ses propres attributions?

En France, depuis 1789, l'autorité législative ne relève plus du droit divin; elle n'est pas établie, par institution mystique, au-dessus et en dehors de la nation; elle ne réside point dans une dynastie, dans un corps ou dans une caste : pour mieux dire, il n'y a plus d'autorité. La loi n'est autre chose que l'expression de la Conscience et de la Raison publique, manifestée par la discussion universelle des citoyens, et formulée par les représentants officiels de la nation, Prince, Sénateurs, Députés, quoi que ce soit, en présence de la nation et sous son influence décisive. Depuis le coup d'État, je le sais, il y a tendance à régenter, décréter et légiférer en dehors du concours de l'opinion, en dehors du consentement national. Mais ces réminiscences de l'ancien absolutisme sont contraires à l'esprit et à la lettre de la Constitution impériale elle-même; c'est un abus né de circon-

stances que tout le monde s'explique, mais qui ne le justifient
point. Que ceux dont le métier est de flatter le pouvoir afin
de le mieux exploiter et de le mieux perdre prêchent tant
qu'ils voudront le rétablissement du grand principe d'autorité,
ils ne feront pas que la puissance législative soit l'apanage
d'un homme ni d'un Sénat. La loi est l'expression de la volonté générale : c'est pour cela que, comme le livre *De la
Justice dans la Révolution et dans l'Église* avait été publié
pour préparer l'opinion à la réforme du Concordat, de même
la pétition au Sénat, par laquelle je demande à ce corps
illustre d'examiner s'il n'y a pas lieu de procéder à cette
réforme, devait elle-même être publiée.

Ce que je viens de dire du pouvoir législatif, je le redis
du pouvoir judiciaire. En France, depuis 89, tout citoyen a
droit de justice, comme il a faculté législative : les jugements des tribunaux et les arrêts des cours ne sont autre
chose que l'expression de la Justice sociale, formulée par
des mandataires spéciaux, comme la loi l'est elle-même par
le concours du Prince, des Députés et du Sénat. De là l'institution du jury, la publicité des audiences, le compte-rendu
des journaux. De là, enfin, la faculté laissée à tout accusé
de publier, pour sa défense, des *mémoires* qui, par privilége
spécial, ne peuvent plus être poursuivis correctionnellement,
bien qu'ils puissent être *supprimés*, s'ils sont diffamatoires, et
donner lieu à des dommages-intérêts. Il serait étrange que
le ministère public et les tribunaux eussent la prétention de
limiter la distribution, ordinairement gratuite, de ces mémoires, au nombre des juges appelés à délibérer : comme si la
Justice émanait d'eux et que le jugement fût leur œuvre !
comme si la judicature pouvait se séparer de la conscience
publique qui lui sert de contrôle !

J'insiste sur ces considérations, dans lesquelles repose ma
dernière espérance.

L'art. 23 de la loi du 17 mai 1819, porte expressément :

« Ne donneront lieu à aucune action en diffamation ou injure
les discours prononcés ou les écrits produits devant les tribu-

naux : pourront néanmoins les juges saisis de la cause, en statuant sur le fond, prononcer la suppression des écrits injurieux ou diffamatoires, et condamner qui il appartiendra en des dommages-intérêts. »

Voilà la loi : elle est claire, précise, et ne laisse matière à aucun doute. Elle signifie littéralement que si, par exemple, l'auteur du livre *De la Justice* publie pour sa défense un Mémoire dans lequel nécessairement les passages incriminés devront être reproduits, ce Mémoire ne pourra plus donner lieu, ni contre l'auteur, ni contre l'imprimeur, à aucune action ; seulement il pourra être *supprimé*, pour faits diffamatoires, s'il s'en trouve, et l'auteur condamné à des *dommages-intérêts*.

Telle est la garantie de la défense : l'inviolabilité du mémoire ; et telle est en même temps la garantie de l'ordre public : la suppression de ce mémoire, si la Cour juge qu'il y a motif légitime de suppression. Quant au mode de distribution et au nombre du tirage, la loi est muette ; elle n'avait rien à dire. Tout jugement étant rendu sous le regard du pays, et censé l'expression de sa conscience ; tout mémoire justificatif est censé par là même s'adresser au public tout entier, aussi bien qu'au tribunal. C'est au plaidant à voir lui-même jusqu'à quel degré il juge nécessaire de saisir l'opinion publique de sa cause. Il en est du Mémoire judiciaire comme de la pétition politique : rien, en droit, ne saurait imposer de limite à sa distribution, et, dans le silence de la loi, il n'appartient ni au ministère public, ni aux tribunaux, ni à la police, d'en empêcher ou restreindre la publicité.

Comment donc se fait-il qu'aujourd'hui, malgré l'art. 25 de la loi de 1819, je sois obligé de venir en Belgique publier ma défense, aucun imprimeur de la capitale française n'ayant osé, même avec la signature d'un avocat, s'en charger ? Comment le chef du parquet de la Seine, M. Chaix-d'Est-Ange, n'a-t-il pas craint de me dire : « Vous voulez « faire du Beaumarchais. Mais sachez que si Beaumarchais « plaidait de nos jours, nous saurions arrêter ses Mémoires ? »
— Ainsi la défense est moins libre aujourd'hui qu'elle ne

l'était en 1778, sous le parlement Maupéou ! Non, Monsieur le procureur général, je ne fais pas du Beaumarchais, je n'ai pas assez de talent pour cela. Je fais du droit et de la morale ; et vous, vous faites de la contre-révolution.

On légifère à huis clos, on gouverne à huis clos, on ne demanderait pas mieux que de juger à huis clos ; tout à l'heure on guillotinera, de même que déjà l'on transporte, à huis clos. A bas le huis clos !...

Après le traitement fait à l'imprimeur de ma première pétition, je ne pouvais plus espérer de publicité pour la suivante, qui est allée s'engloutir dans les cartons du Sénat.

DEUXIÈME PÉTITION.

Paris, 1er juin 1858.

MESSIEURS LES SÉNATEURS,

Le 11 mai dernier, le soussigné, *Pierre-Joseph* PROUDHON, eut l'honneur de vous adresser une pétition par laquelle il demandait la révision de la législation qui depuis le Concordat de 1802 règle les rapports de l'Église et de l'État.

Un ouvrage en trois volumes, ayant pour titre *De la Justice dans la Révolution et dans l'Église,* servait d'exposé de motifs à cette pétition.

Aujourd'hui, et nonobstant l'ordre du jour par lequel vous avez répondu à sa demande, ledit soussigné, confirmant et renouvelant sa pétition première, prend de nouveau la liberté d'appeler votre attention sur les faits et les considérations qui suivent.

Le soussigné, dans sa pétition du 11 mai, vous signalait *entre l'Église et l'État, un antagonisme chaque jour révélé par la presse et les tribunaux, et duquel il résultait,* suivant lui, *pour les citoyens un état d'agitation continuelle, prélude d'une guerre civile et sociale, et pour le gouvernement un danger toujours prochain de révolte.*

Il ajoutait que *la prolongation de cet état de choses inquiétait les amis de la Révolution, et compromettrait aux yeux de la nation le pouvoir qui la tolérerait.*

Il était loin de s'attendre que les événements dussent sitôt lui donner raison.

La publication du livre *De la Justice dans la Révolution et dans l'Église,* faite pour appuyer la pétition, éminemment constitutionnelle, du 11 mai, est devenue depuis l'objet d'une poursuite judiciaire, dont les motifs semblent choisis tout exprès pour faire ressortir cet antagonisme funeste qu'il vous dénonçait entre l'Église et la Révolution.

Il y a plus : la pétition qui vous était adressée, pour avoir reçu la publicité, fort restreinte, qu'impliquait son objet et sa destination, est elle-même saisie et poursuivie comme l'ouvrage qu'elle résume, poursuivie comme *attentatoire à la morale publique et religieuse, et tournant en dérision un culte reconnu par l'État.*

Ainsi, par l'effet de l'antagonisme qui règne dans la législation actuelle, le fait seul de rechercher si la Révolution et l'Église se concilient ou s'excluent; si elles reposent sur des principes identiques ou sur des principes contradictoires; puis, dans le cas d'un antagonisme démontré, la recherche loyale des moyens de remédier à cet antagonisme, et l'indication constitutionnelle de ces moyens au législateur par voie de pétition, deviennent des actes reprochables, justiciables de la police correctionnelle.

Si l'Église et la Révolution se contredisent, et si, dans ce conflit, on prend parti pour la Révolution, *pour les principes de* 89, c'est-à-dire, pour la Constitution politique et sociale de la France nouvelle, on devient reprochable à l'égard de l'Église, en vertu des lois sur la presse de 1819 et 1822, promulguées sous le régime, subrepticement introduit par la Restauration, d'une *Religion d'État.*

Si, au contraire, on prend parti pour l'Église contre la Révolution, contre *les principes de* 89, contre la Constitution de la France régénérée, comme cela se fait chaque jour dans les livres et les journaux du clergé, il n'est plus aussi facile de savoir en vertu de quelles lois on devient reprochable à l'égard de la Révolution.

Tant les intérêts, les idées et les droits de cette Révolution souveraine, qui a fait l'Église ce qu'elle est aujourd'hui, qui lui a donné l'existence légale et la prébende, ont été méconnus, négligés par les pouvoirs qui se sont succédé depuis 89; tant les préjugés du droit divin, le principe d'Église, la pensée épiscopale, ont été soigneusement retenus!...

L'Église, l'antagoniste de la Révolution, est protégée par la loi révolutionnaire plus que la Révolution, plus que la Constitution politique et sociale de la France; plus que cette MORALE PUBLIQUE, née des principes de 89, et qu'on affecte de confondre avec la *morale religieuse* dont elle est la négation; plus, enfin, que le droit!...

Il y a là, Messieurs les Sénateurs, un renversement de toute loi et de toute raison, qui constitue évidemment pour les citoyens et pour le pouvoir un danger de premier ordre, danger qui menace de corrompre jusqu'à la Justice, en faisant, bon gré mal gré, sortir les tribunaux de leurs attributions légales.

Il résulte, en effet, de cette contradiction intime entre l'Église et la Révolution, contradiction longuement démontrée en théorie par le pétitionnaire, et maintenant traduite en fait par le double procès qui lui est intenté, que les juges, de quelque façon qu'ils motivent leurs sentences dans les procès qui peuvent surgir du conflit entre le courant révolutionnaire et le courant religieux, s'ils donnent tort à l'Église, la déclarent, *ipso judicio,* indigne, convaincue d'erreur dans sa discipline et sa morale, partant déchue de la position que lui a faite le Concordat; s'ils donnent tort à la Révolution, ils détruisent le droit public de la France, déclarent son gouvernement illégitime et usurpatoire, sa morale corrompue ; ils ruinent leur propre autorité.

De moyen terme il n'y en a pas : le conflit est maintenant posé de telle sorte que toute échappatoire, toute conciliation doctrinaire, est impossible. Entre l'Église et la Révolution, il faut de toute nécessité que le législateur choisisse, à peine d'abdication ou de trahison.

En conséquence le soussigné, appuyant sa première requête d'un fait nouveau et considérable, s'adresse à vous, Messieurs les Sénateurs, pour la seconde fois, et sur la question la plus grave qui puisse vous être soumise, provoque vos méditations très-sérieuses.

Peut-être, en écartant par un simple ordre du jour la pétition du 31 mai, avez-vous pensé qu'elle n'était à autre fin que d'entraver le cours de la Justice, ou de faire un peu de bruit autour d'un ouvrage déféré aux Tribunaux. Détrompez-vous, Messieurs : ce n'est pas d'un homme et de sa vanité d'écrivain qu'il s'agit en ce moment ; c'est de votre propre prérogative, c'est de la justice nationale, c'est de la Révolution.

Je suis, etc.

Quelle est maintenant cette révision du Concordat, sur laquelle gravite tout le procès, et dont M. de Cordoën a donné lecture au Tribunal, comme si elle eût été le plus grand des outrages?

La voici telle que je l'ai formulée pages 606 et 607 de mon troisième volume. Je conjure tout honnête homme, de quelque pays qu'il soit ; tout chrétien appartenant à l'une des églises réformées ; tout catholique gallican, resté fidèle aux traditions de son église, et que n'a point aveuglé la fièvre ultramontaine, de dire en quoi ce projet de Concordat *offense la morale,* en quoi il est une injure pour le clergé, en quoi il excite au mépris des lois et à la haine des citoyens, en quoi il est une attaque à la famille ?

1. Réunion des deux pouvoirs, spirituel et temporel, dans la souveraineté française ;

2. Enseignement par le clergé, dans les grands et petits séminaires, dans les écoles et dans les églises, des principes de la justice et de la morale, conformément à la doctrine de la Révolution ;

3. Accomplissement par les ministres du culte de toutes cérémonies relatives aux naissances, mariages, funérailles, anniversaires nationaux, etc., sur la simple demande des citoyens, et sans qu'il soit besoin de fournir des billets de confession ou de faire profession de foi ;

4. Suppression des couvents des deux sexes et de toute congrégation religieuse ;

5. Abolition des vœux perpétuels dans le clergé ; en conséquence, faculté pour tout ecclésiastique, après six années de service actif à dater de son ordination, de quitter à volonté le ministère et de se marier, si mieux n'aime l'Église abolir dès à présent le célibat des prêtres, comme a fait la Réforme ;

6. Restitution aux communes de toutes propriétés ecclésiastiques, et défense absolue à tout membre du clergé d'accepter pour le compte de l'Église aucune donation ;

7. Défense aux prêtres, à peine de retrait d'emploi et d'amende, de se livrer à aucune opération de commerce, banque, industrie, librairie, souscriptions, érections de monuments, institutions, etc. ;

8. Établissement d'une pénalité plus sévère pour tous les crimes et délits commis par des ecclésiastiques, notamment ceux qui regardent la pudeur ;

9. Abolition de l'autorité épiscopale et papale ; l'administration ecclésiastique réformée sur les principes du droit commun, et les jugements de l'ordinaire ressortissant au Conseil d'État et à la Cour de cassation.

Quoi ! s'exclament ici mes lecteurs, c'est à cela que vous concluez après avoir, suivant ce que l'on dit, injurié, diffamé, secoué, pendant 1,700 pages, et l'Église et la Religion !...

Hélas ! oui : je veux que le prêtre, qui n'a été jusqu'ici qu'un ministre de sacrements, devienne, s'il doit être conservé, un professeur de morale ; je veux qu'il se rapproche davantage de la patrie, de son esprit et de ses lois ; je veux qu'après avoir renoncé à la famille pour entrer dans le saint ministère, il puisse, si le cœur l'y invite, abandonner le saint ministère pour rentrer dans la famille ; je veux surtout que, chargé de l'enseignement et de la direction des mœurs publiques, on ne lui fasse pas de la sainteté de ses attributions un droit à l'impunité.

Voilà pourquoi j'ai écrit au Sénat ;

Voilà pourquoi en définitive je suis condamné à trois ans de prison.

CONSIDÉRATIONS POLITIQUES : CONCLUSION.

Tout procès de presse, quand il n'a pas pour objet une publication obscène, une escroquerie ou une diffamation, tombe dans la catégorie des procès politiques.

Tout tribunal, jugeant en matière politique, alors surtout qu'il juge sans jury et sans compte-rendu par les journaux, peut être considéré comme un tribunal politique ; et ce n'est pas lui faire injure de dire que son jugement, en tout ou en partie, repose sur des motifs politiques. M. le procureur général Chaix-d'Est-Ange, à qui j'avais l'honneur d'en faire l'observation, a bien voulu convenir avec moi de la vérité de ces principes.

Or, quand la politique se mêle à la justice, elles se font mutuellement tort et se gâtent toutes deux : tout à l'heure nous en administrerons la preuve.

Qu'est-ce, d'abord, qu'une justice politique? Peut-il exister une justice politique ; et le magistrat, préposé de la Société pour *dire le droit*, peut-il juger politiquement?

Sous l'ancienne monarchie, constituée d'après le principe du droit divin et les maximes de l'Église, toute faculté d'action était donnée à la raison d'état. Elle avait l'initiative et pouvait agir seule ; la politique et la justice demeuraient ainsi séparées. Un homme publiait un livre, que l'autorité royale jugeait intempestif, compromettant, dangereux, mais non juridiquement accusable : par une simple lettre de cachet on supprimait le livre, au besoin on mettait l'auteur à la Bastille. Affaire de police, de politique pure, où ne se souillait pas la Justice.

La Révolution a changé ce régime. Nul ne peut être distrait de ses juges naturels, ou détenu qu'en vertu d'un jugement ; nulle condamnation ne peut être prononcée qu'en vertu de lois, selon les formalités légales, et pour un fait que le législateur a qualifié crime ou délit. Pour supprimer un livre et mettre un auteur en prison, il faut une sentence des tribunaux.

Ainsi la raison d'État s'est effacée, au moins officiellement, devant la raison de droit : c'est une des conquêtes les plus précieuses de la Révolution.

Mais les transformations sociales, même les plus justes, ne s'accomplissent pas en un jour ; une nation ne change pas de mœurs, un État de régime, comme un régiment de garnison ; et comme il est resté dans l'État beaucoup de choses arbitraires, discrétionnaires, auxquelles il ne peut être satisfait par le droit, attendu qu'elles tombent en deçà ou au delà du droit, on a été conduit à suppléer, autant que faire se pouvait, par de nouvelles et arbitraires qualifications, par l'élasticité des définitions, par les prérogatives du juge, par la latitude des formes, l'omnipotence de la lettre de cachet.

En principe, et hormis les cas d'escroquerie, obscénité ou diffamation, qui rentrent dans le droit commun, le procès ne peut être fait à un livre, a dit le législateur de 89, parce que le livre, la manifestation de la pensée, quelle qu'elle soit, est la vie même de la société (1). En fait, d'après la législa-

____

(1) C'est en vertu de ce principe qu'en Suisse, d'après la dernière loi, tous les délits de presse rentrant dans le droit commun, il n'y a pas, à vrai dire, de législation sur la presse. Quoi donc ! la Suisse, qui n'a pas fait la Révolution, qui a reçu de nous la Révolution, comme la Belgique l'a reçue, comme le Piémont vient de la recevoir, la Suisse nous devance maintenant dans la voie révolutionnaire ! D'où cela peut-il venir ?— *La France n'est pas mûre pour la libre pensée,* disent les écrivains aux gages de la raison d'État. — Et pourquoi n'est-elle pas *mûre,* si ce n'est précisément parce qu'il y a une RAISON D'ÉTAT, je veux dire une raison dynastique, une raison ecclésiastique, une raison capitaliste, et cent autres raisons pareilles, qui empêchent la France de *mûrir ?* Comme si, en fait de liberté, la maturité n'était pas la liberté même !

tion impériale, la poursuite du livre reste à la disposition du gouvernement : seulement il doit exercer cette poursuite par le ministère des tribunaux.

Ainsi, dans un cas comme celui-ci, le législateur ayant prévu, pour la satisfaction de la raison d'État, certains délits qui eussent pu fort bien ne jamais exister sans elle ; la loi, par sa teneur, laissant à la justice la plus grande marge, d'abord pour la *constatation* du délit, puis pour la *qualification*, enfin pour la *répression;* le ministère public peut, *ad libitum,* poursuivre ou ne pas poursuivre, constater ou ne pas constater, voir ou fermer les yeux ; il peut, suivant son bon plaisir, qualifier blanc ou qualifier rouge, requérir fort ou requérir faible. Et le Tribunal, à son tour, après avoir reçu l'avis du ministre et mis dans ses considérants ce que bon lui semble, sous-entendant toujours les vrais motifs, essentiellement politiques, le Tribunal a la faculté de prononcer pour le même fait, contre le même homme, innocent ou coupable, peu importe, mais incommode, une condamnation qui peut varier depuis 16 francs d'amende (loi du 17 mai 1819, art. 19, § 2) jusqu'à 10 ans de prison et 12,000 francs d'amende (loi du 25 mars 1822, art. 1er, et Code pénal, art. 58).

Dans les cas de société secrète ou de réunion illicite, de complot, d'émeute, etc., chacun sait que les magistrats ne se décident pas seulement, ainsi qu'il est d'obligation pour le jury (art. 312 du Code d'instruction criminelle), « *d'après* « *les charges et les moyens de défense* publiquement produits ; » ils se décident aussi d'après des dépositions secrètes et des notes de police, qu'aucune discussion juridique, aucune récusation légale, ne peut atteindre.

Ajoutez le droit de grâce, dont l'exercice intelligent sème la délation parmi les accusés, dérobe les traîtres à la vindicte de l'opinion, et fait au prince un instrument de popularité des condamnations arrachées à la politique des tribunaux.

Voilà comme, depuis 1789, la lettre de cachet a été peu à peu remplacée en France : sous l'apparence d'une justice régulière, l'absolutisme a été réorganisé au complet ; au total, la situation est pire qu'auparavant, et il faudrait maudire la Révolution, si l'on devait penser qu'elle a dit pour nous son dernier mot.

Le cœur de l'homme est si enclin à la domination, et, dans les temps de trouble, il est si aisé de trouver des prétextes aux lois dites de *salut public*, que plus d'un magistrat a dû se réjouir de participer ainsi au pouvoir du prince, et d'échanger, pendant quelques instants, son rôle passif d'interprète de la loi contre celui, plus agissant en apparence, de secrétaire ou de conseiller d'État.

La Cour, j'en ai l'intime conviction, professe d'autres sentiments. Elle sait que de tous les attributs du souverain le plus sublime est celui de juge ; elle sait que le juge ne commande jamais mieux, n'est jamais plus réellement MAITRE, *magistratus,* que lorsqu'il parle au nom du droit ; qu'en se faisant supérieur au droit il ne rend plus des jugements mais des services, et que toute condamnation politique se résout pour lui en une confession d'indignité. La Cour sait qu'il dépend du juge, à tous les instants, de mettre un frein aux témérités du pouvoir et de le rappeler lui-même à l'ordre : il suffit pour cela que le juge refuse son concours à la raison d'État, et que, recevant la plainte des citoyens, il prononce le droit : *Dicat jus, et lex esto !*

J'ai plaidé ma cause au point de vue de la justice. Ma défense serait incomplète, si je n'ajoutais quelques mots au point de vue de la politique. Je ne demande pas, loin de moi une telle idée, que la Cour se mette en opposition avec le pouvoir : de la part de la Cour, le moindre geste hostile, en ce moment, amènerait une révolution. Mais, tout esprit de révolte écarté, sans antagonisme comme sans crainte, la Cour peut faire entendre ce mot au ministère public, organe du pouvoir exécutif : ASSEZ... N'est-ce pas, entre autres, afin d'éviter les conflits entre le pouvoir exécutif et le pouvoir judiciaire qu'a été créé cet intermédiaire, sorte de plastron du gouvernement, le ministère public ?

Quelles sont donc les considérations politiques qui ont déterminé le ministère public à requérir contre moi, et peut-être le Tribunal à m'infliger trois années d'emprisonnement, 4,000 francs d'amende, la suppression de mon livre, et, conséquence de la condamnation, la perte de mes droits politiques? Essayons de tirer encore cette question au clair.

Considérations d'Église.

Si la situation était en 1858 la même qu'en 1802, alors que la nation, en immense majorité, était demeurée chrétienne, le gouvernement de Napoléon III pourrait dire, comme celui du Premier Consul : « Il y a contradiction entre l'état religieux des esprits et l'écrasement de l'Église. Sans doute, le développement des idées de la Révolution doit couvrir, absorber, en un temps donné, les idées religieuses. Mais ce jour n'est pas venu : la liberté de conscience, écrite dans la Constitution, exige que le sacerdoce soit, dans une certaine mesure, relevé, et le culte rétabli. Que l'Église donc accepte la Constitution civile qui lui a été donnée, qu'elle subisse les faits accomplis, et qu'elle vive. »

On conçoit, dis-je, en pareille circonstance, et tout en le regrettant, un pareil langage. Le Concordat fut, comme le milliard des émigrés, une transaction entre le vieux monde, qu'on voulait enterrer magnifiquement, et la société qui le remplaçait. Quoi qu'on pense de la justice et de l'à-propos de cette espèce d'indemnité, on ne peut nier du moins qu'elle ne crée un titre de plus au nouveau propriétaire : c'est le *quitus* entre l'Église dépossédée et la Révolution.

Aujourd'hui, la situation n'est plus la même ; les rapports ont été complétement intervertis. Bourgeoisie et peuple, en majorité immense, sont arrivés, comme il était facile de le prévoir, à l'indifférence en matière de religion. La raison publique, laissée vide, appelle maintenant le développement d'autres principes ; la conscience du Pays, détachée du droit divin, réclame une autre justice. Quant à l'Église, qui ne nous sert plus, elle est triomphante, toute-puissante, insolente. Le coup d'État lui a rendu le Panthéon ; de grosses sommes lui sont allouées chaque année, pour réparer, construire des temples sans adorateurs. Aux avantages que lui avait assurés le Concordat, elle joint celui de faire partie du système impérial.

L'Église, disait la première Constituante, *n'est que la servante du peuple au pied des autels*.

Maintenant, l'Église est la maîtresse du peuple sur les marches du trône. Elle règne et gouverne avec l'empereur, et marche presque son égale.

« Le Sénat se compose, dit la Constitution de 1852, art. 20 :

« 1º Des CARDINAUX ;

« 2º Des MARÉCHAUX ;

« 3º Des *amiraux* ;

« 4º Des citoyens que l'Empereur juge convenable de nommer à la dignité de sénateur. »

Qu'a donc à désirer l'Église ? Loin qu'elle souffre persécution et réaction, c'est elle qui réagit aujourd'hui contre la Révolution, qui persécute ou fait persécuter les philosophes, les libres penseurs, tout ce qui refuse de courber la tête sous sa houlette. C'est elle qui se croit assez forte pour nier, combattre et détruire un à un tous les principes, tous les droits, toutes les libertés de 89.

Les motifs qui, en 1802, servirent d'excuse au Concordat n'existent plus : pourquoi le gouvernement impérial continuerait-il à l'Église sa haute faveur, et les tribunaux de l'Empire prononceraient-ils, à son intention, des condamnations politiques ? Serait-ce que le but de l'Empire, sa raison d'État, est de rétablir en France, et peu à peu dans les pays voisins qui ont adopté les principes de la Révolution, le régime d'Église, la morale d'Église, la justice d'Église, c'est-à-dire le droit divin, l'absolutisme monarchique et tous les priviléges féodaux ? L'empereur conspire-t-il avec les prêtres la ruine des libertés modernes ? Il faut que la question se pose, dans sa rude franchise, non pour inculper l'empereur pas plus que les magistrats, mais pour dévoiler à tous les funestes conséquences de leur politique.

De Maistre, dans le discours préliminaire de son livre *Du Pape*, répétant ce qu'il avait dit déjà dans ses *Considérations sur la France*, ch. X, § 3, écrit : « La Révolution française ne ressemble à rien de ce que l'on a vu dans les temps passés.

Elle est *satanique* dans son essence. Jamais elle ne sera totalement éteinte que par le principe contraire... » Ce principe contraire, c'est bien entendu celui de l'Église ; c'est l'Église elle-même, personnifiée tout entière dans le Pape. Aussi De Maistre ajoute-t-il : « Sans le Souverain Pontife, tout l'édifice du Christianisme est miné, et n'attend plus, pour crouler entièrement, que le développement de certaines circonstances... »

Est-ce que l'empire de Napoléon III aurait pour but secret, tout en proclamant les *principes de* 89, de réaliser la pensée de De Maistre, d'arrêter l'œuvre *satanique* en donnant l'essor au *principe contraire?*

La situation actuellement faite à l'Église, ses prétentions croissantes, son action visible sur le Pouvoir et sur la Justice, seraient de nature à le faire croire.

L'Église est chargée de prêcher aux masses, par ses 40,000 tribunes, les grands principes d'*autorité*, d'*hiérarchie*, de *pouvoir absolu*, de *noblesse héréditaire*, d'*inégalité providentielle*, de *servitude de la raison*, et autres que la réaction du 2 décembre a mis à l'ordre du jour, mais qui sont la négation des principes de 89, et contre lesquels proteste avec énergie la conscience publique.

L'Église est la seule école de morale que possède la nation, et la nation n'en veut plus ;

L'Église a la haute main sur l'enseignement primaire, à propos duquel elle fait perdre deux ans aux enfants pour les préparer à leur première communion, et les dégoûte pour la vie de toute étude ;

L'Église, par ses colléges, fait concurrence aux lycées, qu'elle finira par envahir : alors il en sera de l'enseignement secondaire comme de l'enseignement primaire ;

L'Église accumule, accapare, bâtit, se clot, fonde des couvents, lève des contributions, travaille incessamment à réformer, aux dépens du pays, ses anciens domaines ;

L'Église réclame les registres de l'État civil ; elle aspire à régler les jours et les heures du travail, s'ingère dans la finance et l'industrie, souscrit aux compagnies anonymes, dont elle finira par prendre la direction ;

L'Église, qui, en 1685, fit révoquer l'Édit de Nantes, travaille à faire abroger le principe de la liberté des cultes et à le remplacer par le principe de la Religion d'État ; déjà elle s'essaie, par de petites persécutions contre les protestants, à de nouvelles dragonnades.

Le Gouvernement sait tout cela : jusqu'à présent il l'a toléré, s'imaginant apparemment que, puisque le second empire n'avait d'autre but que de reprendre et de continuer les traditions du premier, il n'y avait pour lui rien de mieux à faire, avec l'Église, après un demi-siècle de progrès philosophique et social, que de recommencer, sur une plus grande échelle, l'œuvre temporaire de 1802.

Mais le Gouvernement doit le savoir aussi, et mieux que personne : en politique, de même qu'en littérature, l'imitation est l'absence de génie, l'impuissance ; dans le cas actuel, ce serait une rétrogradation stupide, une contradiction au modèle, un crime. Quoi ! l'empire, jadis en guerre continuelle avec le Saint-Siége, malgré le Concordat qui les unissait, serait aujourd'hui en communauté de vues, de principes, de plans, avec le Saint-Siége ; l'empire, qui se faisait une gloire, sous Napoléon Ier, de poursuivre et disperser, jusqu'en son foyer, le gouvernement des prêtres, soutiendrait, recréerait, sous Napoléon III, non-seulement à Rome, mais en France et partout, le gouvernement des prêtres ! C'est quand l'Angleterre, par son bill des Israélites, est à la veille d'abolir chez elle jusqu'au dernier vestige de la religion d'État ; quand la Belgique, malgré la puissance des sujets et l'éminence des caractères, évince de son administration le parti catholique ; quand la Suisse tire les conséquences de sa guerre du Sunderbund ; quand le Piémont vend les biens de son clergé, et mérite l'excommunication papale ; quand l'Europe entière se récrie contre le fanatisme luthérien de la Suède : c'est à ce moment que l'empire ferait avec l'Église une alliance secrète, dissimulant et équivoquant, jusqu'à ce que l'heure soit venue de frapper un grand coup ! C'est pour le service de cette utopie que nos institutions seraient astucieusement faussées, la guerre déclarée aux livres, et la justice remplacée dans les tribunaux par la raison d'État ! Pour cela qu'un interprète de la Révolution, un théoricien du droit pur, de la justice sans récompense, de la vertu pour la vertu, serait déclaré coupable d'outrage à la morale publique et religieuse, condamné à trois ans de prison et 4,000 francs d'amende !...

Non, non ; Napoléon III, pas plus que Napoléon Ier, ne saurait impunément endosser la chape de Charlemagne, ou prendre la robe courte de Charles X. Les traditions ont leur religion, je le sais ; mais elles ont aussi leur loi, qui consiste, non à recommencer, mais à continuer le mouvement. Prétendre, en 1858, refaire l'Église ce qu'elle était au temps de saint Louis, parce qu'en 1802 le Premier Consul lui donna du pain, serait aussi absurde que de renouveler le blocus continental, ou de chercher la revanche de Trafalgar et Waterloo (1).

Que l'Église salue la Révolution, et je saluerai l'Église : c'est tout ce que la Cour, jugeant politiquement, peut souhaiter de moi. Et qu'elle laisse au clergé avec ses quarante

(1) A ce propos, je ne puis m'empêcher de consigner ici une observation que me suggère la piété, trop accusée selon moi, de Sa Majesté Napoléon III.

Que l'Empereur, simple fidèle, entende la messe dans sa chapelle ou à la paroisse, c'est son droit ; qu'il aille même jusqu'à faire venir aux Tuileries son pasteur en chef, monseigneur le cardinal Morlot, et qu'il lui demande l'onction sainte, s'il craint que les six millions de suffrages du 21 décembre ne l'aient pas suffisamment sacré ; pourvu que la cérémonie n'ait aucun caractère officiel, l'Empereur est parfaitement le maître. Mais le chef de l'État français, relevant uniquement des *principes de 89*, est infidèle à ces principes, infidèle à sa propre dignité, quand, en sa qualité de chef d'État, il assiste à une messe du Saint-Esprit ou à un *Te Deum*. Pour être, sinon tout à fait dans la légalité, au moins dans la logique, ce n'est pas seulement dans les églises catholiques que l'Empereur devrait faire ces entrées solennelles qui tiennent une si grande place dans le programme de ses voyages, c'est aussi dans les temples protestants, dans les synagogues et les mosquées. La multiplicité du culte dans le chef d'État en montrerait alors l'absurdité.

On a parlé bien des fois déjà du sacre de Napoléon III. A cet égard, je n'ajoute qu'un mot : Napoléon Ier et Charles X manquèrent à la conscience nationale autant qu'à l'esprit de leur institution, quand ils se firent confirmer publiquement, l'un à Notre-Dame par le pape, l'autre à Reims par le successeur de saint Remy. Simple citoyen, j'aurais le droit de dire à Napoléon III, en vertu de la Constitution que lui-même a faite : Votre sacre est un adultère, Sire, ; je m'y oppose, *veto*.

mille chaires, le soin de défendre sa théologie, sa morale, son spirituel moins précieux à ses yeux que son temporel, contre un philosophe. Il n'y a pas d'autre politique à suivre : toute autre perdrait l'Empire, en tournant la Révolution contre lui.

Considérations d'ordre moral.

Je crois entendre tel de mes lecteurs, politique à outrance, faisant de la religion par politique, de la morale par politique, qui me dit :

« Vous matérialisez le débat, en le réduisant à une affaire d'intérêt ecclésiastique. La question est plus haute que l'Église : il s'agit des intérêts spirituels de la société, de sa vie morale, affaiblie par un siècle d'agitation et de doute. Que deviendra cette vie morale, si, par l'abandon de la foi religieuse, nous en éteignons la dernière étincelle; si nous n'appuyons, coûte que coûte, l'Église, c'est-à-dire, la religion officiellement reconnue pour celle de la majorité des citoyens, l'ancienne religion d'État? Napoléon Ier appuya l'Église, parce que, malgré la Révolution récente, la foi antique existait encore; Napoléon III appuie l'Église, parce que, malgré la Révolution déjà vieille, la foi nouvelle n'est point encore apparue. Ce que l'un fit par nécessité d'expectative, l'autre le fait par nécessité de retard. Devant ce retard, il y a péril pour la société, péril pour la nation. L'Église seule apparaît comme branche de salut : le gouvernement s'y attache de toute sa force. Qui êtes-vous pour contredire, pour entraver cette politique de salut, oui, de salut des âmes, aussi bien que des propriétés? »

Je m'incline devant une raison d'état si soucieuse des intérêts spirituels. Loin que je la contredise, elle m'édifie; j'y trouve la preuve consolante que la conscience publique n'est pas morte en France, qu'elle s'agite dans ses profondeurs, et que le gouvernement impérial a entendu ses murmures.

Ah! politique, qui vous croyez habile, Machiavel au petit pied, vous voilà forcé de reconnaître que vos roueries, vos corruptions, vos baïonnettes, tout cela n'est qu'impuissance ; qu'en vain vous auriez découvert le secret d'assouvir toutes les cupidités, de combler tous les orgueils, si vous ne satisfaites en même temps les consciences, le Pays en masse se lève contre vous ! Voilà qu'après avoir dépensé à votre établissement tant de capitaux, usé tant de pouvoir, il vous faut faire appel à la probité, au dévouement, à la modération des désirs, à la modestie dans la vie publique, à la frugalité et à la pudeur dans la vie privée ! Il faut, pour que vous puissiez gouverner le monde, que le monde recommence à croire à la justice et pratique la vertu ; il faut, en autres termes, que le monde sache se gouverner seul, qu'il n'ait pas besoin de vous ! Dieu vous saura gré de ces bons sentiments, je l'espère ; il récompensera une pensée si louable. A tout repentir miséricorde !

Mais, si telle est la politique que l'on se propose de suivre, pourquoi, d'ores et déjà, ne prêche-t-on d'exemple ? Quelles œuvres de vertu a-t-on produites ? Quels fruits de résipiscence peut-on citer ?... Que nos hommes d'État se rassurent : ce n'est pas de *petite morale* que je les veux entretenir, les préceptes en seraient pour eux trop pénibles ; c'est de *grande morale*. Pourquoi, dis-je, les puissances morales du pays sont-elles suspendues, la liberté suspendue, la raison suspendue, la Justice suspendue, tous les droits de l'homme et du citoyen suspendus ?

On avait craint que le coup de main du 2 décembre ne fût fait, comme celui du 18 brumaire, en haine des *avocats*. Le mot a été dit : heureusement ce n'était qu'une réminiscence. Les légistes ont une large part dans le gouvernement du 2 décembre : M. Troplong, président du Sénat, est homme de loi ; M. Baroche, président du conseil d'État, homme de loi ; MM. Magne, Rouher, Royer, Rouland, Delangle, ministres de Sa Majesté, gens de loi. L'élément *avocat* domine dans l'empire : ce n'est pas sans doute afin que la Justice y demeure en état de siége. Comment donc la raison d'état tient-elle encore une si grande place dans les tribunaux, et jusqu'à la Cour de cassation ? N'est-ce qu'afin de mieux donner l'entorse à la loi qu'on a fait entrer dans le gouvernement tant d'hommes de loi? afin de montrer une fois de plus la vérité de cette observation, déjà bien vieille, qu'il n'y a pas de plus grands ennemis du droit que les jurisconsultes, quand ils se sont mis au service de la force? Pourquoi, sous un régime qui relève exclusivement de la Révolution, ne suis-je pas jugé selon les principes et la conscience de la Révolution, d'après les formalités qu'elle a prescrites, sous la protection des garanties qu'elle accorde? Pourquoi, commentateur de la Révolution, suis-je sacrifié par la justice de l'Empire à la discipline de l'Église, à la dogmatique du droit divin ?

Nous ne connaissons pas, dites-vous, la pensée de la Révolution. — Dites plutôt que vous ne la reconnaissez pas, que vous la niez ; car vous connaissez parfaitement la pensée qui lui est contraire, et que vous avez faite vôtre, comme le disait dernièrement, à mots couverts, l'honorable premier président, successeur de M. Delangle, M. Devienne :

« Les magistrats du parquet organisent et dirigent l'action publique, éclairent à l'audience les débats par leurs études, et donnent à la justice, par l'élévation de leur parole, la seule parure qui lui soit permise. Et *quand l'agitation s'empare des esprits*, c'est encore à eux qu'il appartient de *lutter contre les sophistes du désordre*, et de défendre *les principes qui font vivre* les nations. »

Et plus bas :

« Est-il une plus noble cause? Son succès est désormais assuré parmi nous. Le grand jury du 10 décembre a rendu une décision suprême contre laquelle rien ne prévaudra. L'orgueil indiscipliné de quelques esprits ne détruira pas l'œuvre du bon sens de tous. »

Les choses s'entendent à demi mot dans le monde officiel. Quand M. Devienne parle des *sophistes du désordre* et des *esprits orgueilleux*, on sait fort bien qu'il n'entend pas les publicistes de l'Église et les théoriciens du pouvoir absolu. Pareillement, quand il rappelle les *principes vitaux* des nations, et le *bon sens du jury* qui a fait le 10 décembre, on est sûr qu'il s'agit d'autre chose que des principes et du bon sens de 1789. S'il pouvait à cet égard exister quelque doute, la dernière phrase de M. Devienne le dissiperait :

« Heureux les magistrats dont la voix est appelée à seconder ce mouvement des esprits, et à soutenir le PRINCIPE D'AUTORITÉ sur lequel s'appuient toutes les forces de la patrie et de la civilisation ! »

Le *principe d'autorité* est le coefficient qui donne la signification aux paroles de M. Devienne.

Soit ! je veux que le sophisme soit réprimé, de quelque intérêt qu'il se couvre ; que les fausses doctrines, aussi bien que les mauvaises mœurs, soient combattues, quelle qu'en soit la source. Mais, avec tout le respect dû à la magistrature et que ma position d'accusé me commande , je ferai observer au très-excellent M. Devienne, qui veut que les magistrats du parquet réfutent les théories, alors que M. Sapey ne veut pas qu'ils s'en occupent, qu'il n'appartient pas à des magistrats du parquet, ni des tribunaux, ni des cours, de traiter qui que ce soit de *sophiste du désordre* et d'*esprit orgueilleux* : les magistrats n'ont pas pour cela caractère. Il ne leur appartient pas de s'établir juges des *théories* et des *principes*, si ce n'est pour statuer, le cas échéant, sur ce qui, dans l'application de ces principes et de ces théories, ou dans leur exposition, est selon le droit ou n'est pas selon le droit. La critique des théories en elles-mêmes et leur réfutation n'est pas du ressort de la Justice ; la pensée libre ne reconnaît de contrôle que celui de la pensée libre ; et les mercuriales de M. Devienne, quand il serait possible de faire abstraction du but, j'ose dire mauvais, qu'il se propose, et de ne considérer ses paroles que pour ce qu'elles valent, seraient la subversion du droit comme de la philosophie. A plus forte raison n'appartient-il pas à des magistrats, créatures de la Révolution, de protester, au nom des principes définitivement abrogés de l'Église, contre les principes officiellement reconnus de la Révolution, et de lapider leur mère.

Vous voulez ressusciter la vie morale, rendre aux âmes une direction spirituelle, aux consciences une règle ; et pour

opérer cette résurrection, pour déterminer cette règle, vous
commencez par le plus scandaleux arbitraire : magistrat,
vous sortez des attributions du magistrat; interprète de la
loi, vous franchissez ses limites; prêtre de la Justice, vous
offrez votre encens à la raison d'État. Vos paroles, vos actes,
sont de pure politique, ce qui veut dire, d'illégalité, de non-
moralité. Comprenez-vous à cette heure que vous ne pouvez
toucher à la Révolution qu'en attentant à la Justice; que la
Révolution et la Justice sont malgré vous solidaires, qu'elles
sont un, attendu que la Révolution n'est autre chose que la
subordination tant de la raison d'Église que de la raison
d'État à la raison du droit, et qu'elle se définit elle-même,
le droit, tout le droit, rien que le droit?

Que si vous ne pouvez atteindre la Révolution, que vous
persécutez, sans passer sur le corps de la Justice dont vous
affichez le respect, reconnaissez de bonne grâce, que votre
politique et votre spiritualité font fausse route; dites-vous à
vous-même que la Religion, qui est mystère, doit passer
après la Justice, qui est certitude, et résignez-vous, sage
magistrat, à n'employer jamais pour la cause de l'ordre, temporel et spirituel, d'autres armes que celles qui vous ont été
confiées, et qui sont exclusivement les armes du droit. Il y
a contradiction à vouloir sauver la morale par l'immoralité.
Si Satan plaidait contre l'Éternel, vous devriez écouter son
discours; or, par cela même que vous auriez accordé la
parole à Satan, vous auriez fait de la Justice un principe
supérieur à l'Éternel. Renoncez donc à ces jugements, pré-
tendus politiques, dans lesquels il n'entre qu'hypocrisie
ou lâche complaisance; dussiez-vous laissez passer les
théories les plus pénibles à votre piété, dût-il vous en coûter
la perte de votre foi, soyez le premier à réclamer ces formes
et ces garanties dont la prudence des législateurs, d'accord
avec la conscience des peuples, avait entouré vos sentences
et qu'une insolente raison d'État a supprimées; abstenez-vous
surtout de ces manifestations inconstitutionnelles, où la toge
du juge sert d'acolythe à la chasuble du prêtre. Souvenez-
vous que la conscience publique, en France, est depuis 1789

au-dessus du culte, et que si la foi de l'homme privé est libre, le magistrat n'a pas d'autre religion que la Justice.

Eh quoi ! lorsque depuis un siècle l'effort de la raison générale est de séparer de plus en plus ces deux choses, la Foi et le Droit, nous ne pourrions obtenir des magistrats qu'ils veuillent bien ne plus les mêler et les confondre !

Voltaire, notre maître à tous, dans l'Avertissement qui précède ses Remarques sur les pensées de Pascal, a dit :

« Toutes les fois que la morale est dépendante d'un système religieux, et que des prêtres s'en sont rendus les interprètes et les juges, elle devient nécessairement exagérée et relâchée, fausse et corrompue. »

J'aurais peut-être le droit d'ajouter à ces paroles de Voltaire : Toutes les fois qu'un Tribunal, jugeant en matière de morale, se préoccupe d'idées religieuses, emprunte à la théologie ses définitions et ses axiomes, il perd la notion du droit ; sa judiciaire se déprave ; ses décisions sont des actes d'autorité, dont la seule règle est exprimée dans ce vers : *Hoc volo, sic jubeo, sit pro ratione voluntas.* Mais laissons les tribunaux se faire à eux-mêmes l'application des remarques de Voltaire.

M. Guizot, le grand moraliste du parti conservateur et religieux, écrit de son côté :

« Pour ceux qui ont fait des études philosophiques un peu étendues, il est, je crois, évident aujourd'hui, que la morale existe indépendamment des idées religieuses ; que la distinction du bien et du mal moral, l'obligation de fuir le mal, de faire le bien, sont des lois que l'homme reconnaît dans sa propre nature, aussi bien que les lois de la logique, et qui ont en lui leur principe, comme dans sa vie actuelle leur application. » (*Histoire de la civilisation en Europe,* v[e] leçon.)

Et quelle conséquence tire de cette vérité *évidente* M. Guizot ? Écoutez-la : ce n'est rien de moins que l'élimination du principe invoqué par M. Devienne, du principe d'Autorité, dans toutes les facultés de l'âme humaine, collective et individuelle :

« C'est aujourd'hui une remarque vulgaire qu'à mesure que la civilisation et la raison font des progrès, cette classe des faits sociaux qui sont étrangers à toute nécessité extérieure, à l'action de tout pouvoir public, devient de jour en jour plus large et plus riche. La société non gouvernée, la société qui subsiste par le libre développement de l'intelligence et de la volonté humaine, va toujours s'étendant à mesure que l'homme se perfectionne. Elle devient de plus en plus le fond de l'état social. » (*Histoire de la civilisation en France*, xie leçon.)

M. Guizot est un écrivain grave, qui connaît la portée de ses paroles. Je ne crois pas qu'il me désavoue, si j'observe que dans les deux passages que je viens de citer, il a enchéri sur la pensée de Voltaire. Voltaire pose le principe de l'indépendance de la morale et de son inévitable corruption par le sacerdoce; M. Guizot, historien philosophe, après avoir reconnu et affirmé le principe, constate que c'est bien ainsi que les choses se passent dans l'histoire; que plus la raison et la civilisation avancent, plus la société s'affranchit, dans sa vie intérieure, de toute direction religieuse et gouvernementale. Cet affranchissement est le principe et le gage de notre *perfection;* il est le *fond de l'état social.*

C'est donc contre le perfectionnement de l'humanité, d'après M. Guizot, que travaillent les restaurateurs des cultes éteints. C'est contre l'état social même que conspirent les soutiens du principe d'autorité, ceux qui empêchent *la société non gouvernée* de s'étendre, et qui, par la persécution faite à la pensée libre, s'efforcent de restreindre *la classe des faits sociaux qui se dérobent à l'action du pouvoir public.* Ces gens-là sont les ennemis de la civilisation, d'après Voltaire et M. Guizot, les ennemis de la Justice.

Mais voici un témoignage qui, dans l'esprit de certaines gens, pèsera plus à lui seul que tout le xviiie et le xixe siècle. Napoléon Ier, dans le *Mémorial de Sainte-Hélène*, exprime à plusieurs reprises l'idée qu'une morale publique nouvelle est sortie de la Révolution, que la morale a été transformée et régénérée par la Révolution, que l'effet de cette régénération se fera sentir de plus en plus, etc. C'est d'après ce principe qu'il disait, dans une conversation avec O'Meara, sous la date du 2 novembre 1816 :

« J'ai rendu tout indépendant de la Religion. Les Tribunaux le furent, aussi bien que l'administration et le gouvernement. On pouvait se marier sans prêtres; les cimetières mêmes n'étaient pas à leur disposition, car ils ne pouvaient refuser d'enterrer personne, de quelque religion qu'il fût... Je voulais dépouiller les prêtres de toute influence, comme de tout pouvoir dans les affaires civiles, et les obliger à se borner à leurs matières spirituelles, sans se mêler d'autre chose... Mon système était de n'avoir point de religion dominante, mais d'accorder une parfaite liberté de conscience et de pensée, de rendre tous les hommes égaux, qu'ils fussent catholiques, protestants, mahométans, déistes, etc. »

Je sais bien qu'à ces dédaigneuses paroles on peut en opposer d'autres dans lesquelles le même personnage se montre aussi religieux, aussi chrétien, qu'il avait tenu auparavant à se montrer sceptique. Qu'importent ces variations, peut-être plus apparentes que réelles? Que l'ex-potentat, affaibli par les ennuis de la prison, ait senti se réveiller en lui, sur la fin de sa carrière, sa religion italienne; que le chef de dynastie ait voulu ménager aux héritiers de son nom l'appui du clergé catholique, pour des éventualités faciles à prévoir : en quoi ces misérables considérations pourraient-elles infirmer le jugement du chef d'État? Une chose reste certaine : c'est qu'au yeux de l'Empereur la foi révolutionnaire passait avant la foi religieuse; c'est qu'il regardait la morale comme ayant été *régénérée* par la Révolution, la Justice comme supérieure à toute espèce de culte, à telle enseigne que le magistrat qui, en montant sur son tribunal, n'eût pas fait en sa conscience table rase de toute autorité divine et ecclésiastique, aurait été, aux yeux de l'Empereur, infidèle à son mandat et parjure à son serment.

Oh! ne craignez pas que j'exige de vous, Président d'autorité, une profession publique, solennelle, d'irréligion : vous n'avez pas la justice *immanente*; ce serait compromettre les intérêts de vos justiciables que de vous en demander les actes. Mais combien vous eussiez été davantage dans la majesté de vos fonctions, monsieur Devienne, si, à propos de cette Église et de cette Révolution dont les aspirations contraires nous divisent, vous eussiez été de taille à faire entendre à votre auditoire des paroles comme celles-ci :

« Quand je prononce le nom de Dieu, et que je pense à l'immortalité de mon âme, un sentiment de je ne sais quelle vénération pour moi-même s'empare de mon cœur ; je crois sentir mon être qui s'idéalise, ma dignité qui s'élève à l'infini. C'est pourquoi je respecte la pensée religieuse, alors même que je ne la partage pas ; et que toute proposition impie, toute négation brutale, tout sacrilége, me blesse en mon for intérieur, comme une violation de ma personne.

« Mais dès que je veux me rendre compte, par la raison seule, de cet ineffable sentiment, dès qu'on prétend me démontrer, par arguments, la réalité sur-sensible de ces essences insondables, Dieu, l'Ame, la dialectique me fait pitié ; le sens commun, en moi soulevé, proteste. Et si l'on va jusqu'à soutenir, avec la théologie, que ces merveilleuses hypothèses sont indispensables à l'observation de la Justice, tout aussitôt je me sens entrer en méfiance, et ces mêmes idées de Dieu et d'Ame immortelle, qui tout à l'heure me semblaient si belles, si nobles, ne m'apparaissent plus que comme un attentat à ma conscience.

« Voilà ce qui sépare à jamais notre morale rationnelle de notre morale religieuse ; voilà pourquoi a été faite la Révolution.

« Je conclus donc à écarter des motifs de ma raison pratique les considérations de la transcendance, bien qu'elles ne soient pas sans charme ; je consens à voir dans ces suggestions intimes un témoignage de l'élévation de ma nature et de la sainteté à laquelle je dois tendre ; j'honore celui qui prie, et je le protégerai, s'il faut, dans son culte : mais je blâmerai en même temps le mystique dont le zèle aspirerait à convertir d'incompréhensibles conceptions en des vérités positives, dont l'intolérance proscrirait une vertu dépouillée de toute religion, parce que tout mysticisme est illusoire, tout zèle suspect, toute intolérance digne de blâme.

« La Justice subsiste par elle-même, gratuite et sans autre espoir. Cet athéisme légal, qui a soulevé tant d'anathèmes, est le sublime de la vertu. »

Résumons-nous sur ce chapitre :

Est-ce pour tout de bon que l'on parle de ressusciter dans le pays le culte des sentiments moraux? Je ne combats pas l'urgence, à coup sûr; j'oserais dire même que le scepticisme, en matière de mœurs, me semble avoir gagné jusqu'à la judicature. Poussé par la raison d'Église, poussé par la raison d'État, à travers tant de changements de théâtre, le magistrat, troublé dans sa conscience, finit par perdre peu à peu la vraie notion du droit : c'est par le monde justicier qu'il faut commencer la réforme.

Que la magistrature française le sache donc : Pour ramener le peuple à la vertu, il n'existe aujourd'hui qu'un moyen, mais ce moyen je le déclare immanquable, c'est de parler au peuple de la vertu, non plus comme Fénélon ou Bossuet, le catéchisme à la main, au nom de Notre-Seigneur Jésus-Christ, mais comme Robespierre, au nom de la Révolution.

La Révolution, voilà la grâce sanctifiante du peuple.

Et c'est par la vertu révolutionnaire que le magistrat, affranchi des servitudes politiques, gouvernera tout à la fois et le peuple et le Pouvoir, sans plus se soucier des *sophistes* que des hommes d'état, convaincu d'ailleurs que le plus grand mal qu'il pût faire à l'État serait de laisser croire au peuple, par l'arbitraire de ses jugements, que l'État est secrètement et systématiquement hostile à la Justice de la Révolution, hostile à la morale.

Considérations d'intérêt dynastique.

Ce n'est pas sans quelque embarras que j'aborde cet ordre d'idées. On se demande comment un prédicateur *d'anarchie* peut invoquer pour sa justification, dans un procès de presse, ce qui veut dire dans un procès de principes, l'intérêt dynastique ; si une pareille argumentation, venant d'une bouche aussi suspecte, peut être loyale, si elle est morale ?

A cette question spécieuse, je réponds que ce n'est pas moi qui ai fait la légalité actuelle ; que si elle fournit des armes contre moi, il doit m'être permis d'y chercher aussi des armes pour me défendre ; et qu'ainsi les mêmes choses qu'on ne supporterait pas de l'homme de parti, ma position d'accusé me permet de les dire. Au surplus, j'espère élever la question assez haut, même à l'égard des dynasties, pour que toute espèce de scrupule ou de fausse délicatesse s'évanouisse ; puis, la vérité est souveraine. Qu'on me lise donc, même avec la plus grande prévention : j'ai la confiance que, lecture prise, tout le monde sera de mon avis.

Le plus grave reproche que puisse encourir un gouvernement, une dynastie, un prince, est celui d'*illégitimité*. Sur ce point, toutes les opinions sont unanimes. Appliquée au Pouvoir, la qualification d'*illégitime* comprend toutes celles qui expriment avec le plus de force l'idée d'une réprobation publique : c'est l'usurpation, la tyrannie, la félonie, l'assassinat, le régicide. Aucune mansuétude de la part du prince, aucun héroïsme, aucun service, ne sauraient racheter ce vice d'origine. Un tel prince est la violation vivante du droit ; il ne se soutient que par la force. Et le jour où la force, neutralisée par la conscience publique qu'il est incapable de contraindre, lui manque, le jour où les baïonnettes se laissent saisir par la raison et par le droit, il est perdu.

Qu'est-ce donc qui fait la légitimité d'un gouvernement, par suite celle du prince et de la dynastie ?

A cette question, je réponds sans hésiter : C'est la communion sociale.

J'entends par là que le prince et son gouvernement doivent être en communion parfaite de sentiments et de tendances avec la nation, en exprimer fidèlement la conscience, les idées et les lois.

De sorte que, si dans une nation les rapports se multiplient et s'étendent ; si, par une conséquence nécessaire, les lois se modifient ; si les institutions se transforment, le gouvernement devra changer à son tour ; que dis-je ? ce sera au prince lui-même de prendre l'initiative du mouvement, à peine de devenir bientôt, et nonobstant l'ancienneté de sa possession, illégitime.

Les annales du genre humain sont pleines d'histoires de dynasties qui, n'ayant pas su observer cette loi du perfectionnement social et des mutations politiques, ont été brusquement dépossédées et remplacées par d'autres dont la nouveauté faisait ainsi la légitimité.

En 1789, le mouvement de la conscience sociale est si profond, et tout à la fois les habitudes de l'ancien régime sont si tenaces, que les plus grands esprits de l'époque regardent comme un avantage immense de marier ensemble la dynastie régnante et la Révolution. De là, en premier lieu, les efforts, si méconnus, de Mirabeau et plus tard de Barnave ; de là, en 1814, la joie qui accueillit les Bourbons, à qui il était donné pour la seconde fois de concilier la tradition et la Révolution. A ce moment, la légitimité de la branche aînée de Bourbon semblait doublée : c'est ce qui valut à ses partisans le nom, par excellence, de *légitimistes*.

Depuis soixante et dix ans, l'idée révolutionnaire prenant peu à peu le dessus, la condition de légitimité du prince a été variable, par suite, les changements de dynasties fréquents. Louis XVI, Napoléon, la Restauration, la Monarchie de juillet, furent tous, et tour à tour, légitimes et illégitimes. Je ne parle pas des deux essais de république : la république est un problème d'avenir dont la solution tient encore à d'autres idées.

L'empire actuel est-il établi dans des conditions de légitimité ? Je me garderais, en présence d'une cour impériale, d'approfondir une question aussi scabreuse ; j'aime mieux, laissant de côté les faits accomplis, et les tenant même pour dûment accomplis, substituer à la question d'établissement celle, beaucoup moins risquable, d'exploitation : A quelles conditions l'empire actuel se tiendra-t-il dans la légitimité ?

Ce qui revient à dire : A quelles conditions la dynastie de Napoléon III peut-elle espérer de se maintenir sur le trône?

La réponse, ce n'est pas moi qui la ferai : de ma bouche elle serait suspecte. Je l'emprunte au testament d'un prince qui, comme un autre Marcellus, donna de grandes espérances à son parti et laissa de profonds regrets, au testament du duc d'Orléans.

En avril 1840, à la suite de la longue agitation qui, après avoir renversé le ministère Molé, le remplaça par le ministère Thiers, après dix années du règne équivoque de son père, le duc d'Orléans, partant pour l'Algérie, comme s'il avait eu le sentiment de sa mort prochaine, des malheurs de sa famille, et des événements qui allaient agiter l'Europe, écrivait :

« C'est une grande et difficile tâche que de préparer le comte de Paris à la destinée qui l'attend; car personne ne peut savoir dès à présent ce que sera cet enfant, *lorsqu'il s'agira de reconstruire sur de nouvelles bases une société qui ne repose aujourd'hui que sur des débris mutilés et mal assortis de ses organisations précédentes.* Mais que le comte de Paris soit un de ces instruments brisés avant qu'ils aient servi, ou qu'il devienne l'un des ouvriers de cette *régénération sociale* qu'on n'entrevoit encore qu'à travers de grands obstacles, et peut-être des flots de sang; qu'il soit roi ou qu'il demeure défenseur inconnu et obscur d'une CAUSE *à laquelle nous appartenons tous,* il faut qu'il soit, avant tout, un *homme de son temps et de sa nation;* qu'il soit catholique, mais *serviteur passionné, exclusif,* de la France et de la RÉVOLUTION... »

Le mot de *catholique* est introduit là pour la princesse Hélène, dont le protestantisme faisait ombrage à la reine Marie-Amélie et à tout le parti catholique français. Mais ce qui éclate avec force dans les paroles de l'infortuné duc d'Orléans, c'est la subordination dans laquelle il place l'Église en face de la Révolution. On dirait une réminiscence de Napoléon Ier :

« Ce que je recommande surtout à ma chère Hélène, c'est la direction morale à donner à mon fils; ce sont les impressions, qu'il ne trouvera ni dans les livres, ni dans les leçons de ses maîtres... Hélène sait que ma FOI POLITIQUE *m'est encore plus chère que mon drapeau religieux :* mes convictions étant après mes affections ce que j'ai de plus cher au monde, je tiens à les léguer, non par le sot orgueil de me croire infaillible, mais par un sentiment profond et raisonné de fidélité. C'est d'ailleurs le seul héritage que je puisse laisser à mon fils, n'ayant à lui transmettre ni fortune, ni un nom que je me sois fait, ni une épée dont je me sois servi. Mais je lui léguerai mieux que cela, ce qui doit le plus tenter une âme élevée, de grands devoirs à remplir et d'immenses obstacles à surmonter pour les accomplir.

« En lui léguant la défense d'un pays et d'un PRINCIPE menacés, je dois lui léguer en même temps la foi dans leur bon droit et dans leur triomphe final. Que ces pensées et ce dévouement, morts en moi sans avoir été appliqués, germent dans le cœur de mon fils ; que dans son affection pour la France, il sache toujours être *son complice, et jamais son gardien* ; qu'il ne pense à ses aïeux que pour sentir combien la grandeur de la race ajoute encore à l'étendue des devoirs ; qu'il apprenne qu'il n'est de la première famille du monde que pour être fier et digne de tenir un jour dans ses mains les destinées de la CAUSE *la plus belle qui, depuis le christianisme, ait été plaidée devant le genre humain* ; qu'il soit L'APÔTRE *de cette cause*, et au besoin SON MARTYR (1). »

De telles paroles, si hautes dans leur modestie, si profondes dans leur simplicité, n'ont pas besoin de commentaire ; elles sont elles-mêmes le commentaire le plus éloquent de cette vérité fondamentale, article premier du catéchisme dynastique : Que le principe de légitimité, pour une dynastie, n'est ni dans le droit divin, ni même dans l'élection populaire ; il est dans ce que j'ai appelé la communion sociale.

Le comte de Paris, dit le duc d'Orléans son père, doit être avant tout, *serviteur passionné, exclusif, de la Révolution* ; le *complice de la France et jamais son gardien*; *l'apôtre*, et au besoin le *martyr*, de cette FOI POLITIQUE qui domine jusqu'à la religion, et qui se résout dans ces deux mots, JUSTICE, MORALE.

Comme cela tranche avec le discours de M. de Persigny, parlant au nom de la dynastie impériale, devant le con-

______

(1) Extrait du Testament du duc d'Orléans, trouvé en original aux Tuileries, après le sac du château, le 24 février 1848. Ce testament est daté de Toulon, 9 avril 1840, deux années avant la mort du prince. La publication en fut faite dans les journaux du temps : aucun doute ne s'éleva sur son authenticité, qui vient au surplus d'être confirmée par le testament de la princesse Hélène elle-même.

seil général de la Loire ! — « *La France,* dit l'orateur du bonapartisme, le compagnon, l'ami de Napoléon III, *est avant tout monarchique...* Que la France donc, pour qui la monarchie est le premier des besoins, laisse à la dynastie occupante le temps de se fortifier sur le trône, qu'elle se rallie autour d'elle ; alors *la Révolution sera terminée, et la liberté, n'étant plus un danger pour* PERSONNE, *deviendra un bienfait pour tous.* » (*Moniteur universel* du 29 août.)

Le bonapartiste, sorti de la glèbe, affirme, d'emblée, la monarchie. — Le duc d'Orléans, de race royale, héritier présomptif de la couronne, n'ose se permettre une telle affirmation. Il sait que la monarchie est morte avec le droit divin ; il suppose seulement que, par raison de transition, les princes, restés sans droit vis-à-vis du peuple, peuvent néanmoins avoir à remplir de grands *devoirs.* C'est de cette idée qu'il part pour recommander au comte de Paris d'être un *serviteur passionné, exclusif* de la Révolution.

La dynastie impériale consolidée, la Révolution est faite, dit le médiateur quasi-officiel des Bonaparte : comme si la Révolution n'avait qu'eux pour objet ! Cela revient au proverbe : Quand le roi a bu, la France est ivre. — Pour le duc d'Orléans, au contraire : La Révolution ne fait que commencer ; la société est à *reconstruire sur de nouvelles bases ;* sa *régénération* ne s'entrevoit encore qu'à travers de *grands obstacles,* et *peut-être des flots de sang ;* dans ce vaste labeur, le rôle du comte de Paris doit être celui d'un *ouvrier,* non d'un bénéficiaire.

La liberté, ajoute M. de Persigny, serait, quant à présent, un danger pour la dynastie de Napoléon III ; donc elle est impossible. — Non pas cela, répond le duc d'Orléans : une liberté octroyée serait une servitude. La liberté d'abord, la dynastie après, si elle n'est pas elle-même un obstacle à la liberté. Soyons les *apôtres,* au besoin les *martyrs* de la liberté ; à Dieu ne plaise que nous en soyons jamais les *gardiens !*

Ainsi, selon la théorie bonapartiste, renouvelée du droit divin, le droit national dériverait du principe dynastique ; c'est pour cela que, tant que la dynastie ne se sent pas solide, la liberté de la nation est ajournée. Selon la théorie orléaniste, au contraire, la dynastie prend sa source dans la liberté même du pays ; elle se fonde sur cette liberté, elle s'incarne en elle, elle fait corps avec elle ; elle devient illégitime, le jour où la liberté et elle paraissent incompatibles.

Oh ! certes, on peut dire que le 9 avril 1840, l'homme en qui se reflétait avec le plus pur éclat la conscience nationale, celui qui traduisait avec le plus de franchise l'esprit de la Révolution, ce n'était pas le prince Louis-Napoléon, c'était le duc d'Orléans. Les affaires du parti orléaniste ne me regardent pas ; j'ai trop démérité de toutes ces dynasties pour que je prenne la moindre part à leurs compétitions. Mais que le comte de Paris adopte pour manifeste le testament de son père ; qu'il y ajoute une déclaration de vingt lignes, contenant, avec l'énoncé des principes pour lesquels la France a combattu depuis 1789, avec la devise, *Liberté, Égalité, Fraternité*, effacée par le 2 décembre, la promesse d'une Constitution représentative et parlementaire, d'après la tradition libérale de 1791, 1793, 1795, 1814 même, 1830 et 1848, et en opposition à la tradition absolutiste de 1799 et 1804 : — ou je suis grossièrement trompé, je ne sais rien de la conscience du Pays, je n'ai rien entrevu, pendant sept années d'une observation attentive, de la marche de l'opinion chez le bourgeois, le paysan, l'ouvrier ; ou bien, à ce cri de Justice poussé par un jeune homme de race royale, un entraînement universel, irrésistible, baïonnettes en tête, montrerait bientôt, en dépit des suffrages et des serments, et à moins que l'empereur ne se hâtât de déposer son *Acte additionnel,* de quel côté serait la dynastie légitime, de quel côté l'illégitime.....

La destinée des princes est d'être toujours mal renseignés et mal servis, dans l'exil comme sur le trône. Il n'y a per-sonne qui dise de ces choses au comte de Paris ; il n'y a personne non plus qui en dise de telles à l'empereur. Depuis 1848, le parti orléaniste boude la Révolution ; on voudrait changer le prince, mais sans modifier le système : de son côté, l'empire paraît avoir pris l'Église pour forteresse et les jésuites pour artilleurs. On raconte que lors de la discussion de la loi de sûreté générale, l'empereur ayant lu le rapport de M. de Morny, président du Corps législatif, ne put s'empêcher de dire : On voit très-bien par ce rapport qu'il existe en France des légitimistes ; on voit qu'il existe des orléanistes ; on voit même qu'il existe des républicains : on ne voit pas qu'il y ait un seul bonapartiste !... Eh ! non, Sire, il n'y a pas de bonapartistes, ou pour mieux dire, il n'y en a plus, et Votre Majesté seule s'en étonne. Vous êtes entré dans la communion de l'Église ; le bon Dieu est avec vous, *Dominus tecum* : et le peuple n'a d'autre religion que la Révolution, *Credo in Revolutionem.*

J'ai fini.

L'Histoire, la Morale, le Droit, la Politique, tout se réunit pour faire annuler le jugement de première instance.

Historiquement, la Révolution française a été un événement nécessaire, amené par le développement naturel de la civilisation, par le progrès de la raison publique et l'immobilisme de l'idée religieuse. Comme ce n'est pas moi qui ai fait cette Révolution ; comme je n'en suis pas plus le héros que l'inventeur, que je n'en ai pas imaginé les principes, que ces principes je ne les ai pas écrits en tête de chacune de nos constitutions, et que tout mon rôle, en cette affaire, se réduit à une pure exégèse, je ne puis être rendu responsable de la contradiction qui existe entre les principes de la Révolution, dont tous nos gouvernements affectent de se réclamer, et les principes de l'Église, qu'ils préfèrent suivre. Cette contradiction, entre la pratique et la théorie officielles, n'est pas mon œuvre ; je ne suis pas même le premier qui l'aie révélée. A ce premier point de vue, je ne suis pas coupable.

En *Morale* : je sais combien peu il m'appartient de parler au peuple droit et devoir ; je sais que si l'on devait juger de mes mérites par mes maximes, je n'aurais qu'à baisser la tête et à demander grâce pour mon insuffisance. *Video meliora proboque, deteriora sequor...* Mais le temps des saints est passé ; tous faillibles de par la nature, mais tous justiciers de par notre conscience, nous avons encore, de par la Révolution, le droit et le devoir d'être, les uns à l'égard des autres, tous sermonaires. Si donc, usant de la prérogative que m'a dévolue la Révolution, je fais voir que sa morale est différente de celle de l'Église; si je prouve que de ces deux morales, la première est supérieure à l'autre; si j'en tire cette conséquence qu'entre deux morales d'inégale valeur, il faut de toute nécessité suivre la plus parfaite, et exiger de l'Église, encore tolérée, une soumission plus explicite à la Révolution : en quoi aurai-je violé la morale? En quoi aurai-je outragé la religion, porté atteinte à la famille, foulé la loi aux pieds, troublé la paix publique, fait l'apologie du crime? Comment serai-je calomniateur et sacrilége, pour avoir qualifié, selon la vérité et selon mon droit, une influence illicite?... A ce point de vue encore, je ne suis pas coupable.

En *Droit*, c'est-à-dire, au point de vue des Constitutions écrites, la question semble plus difficile. Le Concordat a fait à l'Église une position; la loi de 1819, la Constitution de 1852, protégent le culte et lui garantissent respect. Or, il est positif que si la morale de l'Église est déclarée inférieure à celle de la Révolution, en autres termes, si la religion est considérée comme une antithèse de la morale, l'Église devient, *ipso facto*, indigne; son enseignement est un quasi-délit. Le Concordat de 1802, la loi de 1819, la Constitution de 1852, restent convaincus d'erreur; il y a conflit entre les principes de 89, sur lesquels repose toute la législation, et les dispositions législatives qui concernent le culte et l'Église, et qui, comme toute loi, doivent être observées, jusqu'à ce qu'elles aient été régulièrement abrogées par l'autorité compétente. Ce conflit, comment le résoudre?

A cela je réponds, en principe, que je ne puis être coupable pour avoir mis en lumière le conflit qu'impliquent fatalement en leurs termes, d'un côté les principes de 89, d'autre part les lois de 1802, 1819 et 1852; en fait, que je n'ai point attaqué les priviléges que l'Église tient de la Révolution, puisque j'en demande la réforme; judiciairement, enfin, que j'ai indiqué moi-même la solution de la difficulté, en déférant, par voie de pétition, la question au Sénat.

En *Politique*, je ne dis plus qu'un mot. Dans quelques années la pensée publique se sera assimilé ce que mon livre peut contenir de vrai ; elle aura rejeté le reste : de mes trois volumes, il ne subsistera qu'une inscription au catalogue de la librairie. C'est ainsi que s'exerce la police des livres : la persécution seule les rend, ainsi que leurs auteurs, redoutables.

Que la Cour, faisant abstraction de tout ce qu'il y a de corporatif et d'individuel dans le procès, pour ne considérer que la raison générale, infirme la sentence du Tribunal de police correctionnelle : par cette simple décision, l'état juridique de la France, tombé dans l'équivoque par le mélange des traditions religieuses aux principes de la philosophie moderne, est définitivement constitué ; la conscience publique se reconnaît ; le gouvernement entre, sans secousse, dans une ère nouvelle, l'ère de la vraie légitimité ; la Révolution, établie dans les intelligences, poursuit son cours pacifique, et l'Europe nous suit. La magistrature française aura bien mérité de la patrie et du genre humain.

Que la Cour au contraire, cédant à des préventions funestes, maintienne le jugement de première instance ; je le dis avec douleur, mais je dois cet avertissement à mes concitoyens aussi bien qu'à mes juges, la guerre faite aux livres, à la Révolution pensante par un pouvoir issu de la Révolution, devient une provocation à la guerre sociale.

Bruxelles, 15 août 1858.

P.-J. Proudhon.

Post-scriptum. — Mᵉ Gustave Chaudey devait, comme avocat, signer mon Mémoire. Dans l'impossibilité où je suis de lui communiquer mes épreuves et d'avoir sa signature, je crois faire plaisir à mes lecteurs et à mes juges de publier ici la lettre remarquable qu'il m'écrivit le 8 mai, quelques jours après la saisie de mon ouvrage.

CONSULTATION.

Paris, ce 8 mai 1858.

Mon cher Ami,

J'ai achevé votre livre *De la Justice* et je suis en mesure de vous répondre. Vous m'avez demandé mon avis :

1° Sur l'application juridique de votre distinction entre la morale publique et la morale religieuse ;

2° Sur la valeur juridique d'une demande de sursis motivée par votre pétition au Sénat.

Voici, après une lecture attentive de votre livre et de votre projet de pétition, ce que j'ai à vous dire :

Sur le premier point, je n'hésite pas à vous déclarer, philosophiquement parlant d'abord, que la nécessité d'une distinction entre la morale publique et la morale religieuse me semble établie jusqu'à l'évidence par votre livre.

L'Église et la Révolution, distinctes par leur point de départ, distinctes par toutes leurs doctrines sur la société et sur l'homme, deviennent forcément distinctes par leur morale. Cela est certain, de toute la certitude de la logique.

Aucune contestation n'est désormais possible là-dessus. L'Église est la première à se prévaloir de cette distinction profonde. Il n'y a certainement pas un prêtre qui, en prêchant la morale religieuse, entende prêcher la morale révolutionnaire. Celui qu'on accuserait de cette confusion jetterait les hauts cris.

Ce qui est encore certain, c'est que par la morale révolutionnaire, il faut comprendre la morale qui se déduit des principes de 89, la morale civile, la morale laïque, la seule qui puisse s'appeler la morale *publique* par opposition à la morale *religieuse*.

Or, si les deux morales diffèrent profondément, si elles se contredisent, si elles sont incompatibles, il faudra de toute nécessité que l'une arrive à dominer, à subalterniser l'autre ; ce qui revient à dire que l'Église et la Révolution ne pouvant pas s'accorder, ne pouvant pas coexister dans la même société, il faudra de toute nécessité que la Révolution soumette l'Église, ou réciproquement. C'est la grande conclusion de votre livre. Vous ne pouvez pas être plus coupable d'avoir vu et dit cela qu'un astronome d'annoncer une comète après l'avoir calculée, tant du moins qu'il n'y aura pas dans nos codes un article établissant et réprimant le délit de logique, comme il y a eu autrefois le délit d'observation exacte et de calcul rigoureux réprimé dans la personne de Galilée.

Juridiquement, voici où cela peut mener, comme vous l'avez très-bien pressenti :

Nous sommes rentrés dans les principes de 89 par la Constitution actuelle qui, dans son article 1er, *les reconnaît, confirme et garantit comme base de notre droit public*.

Puisqu'il y a une distinction à faire entre la Révolution et l'Église, entre la morale révolutionnaire ou publique et la morale religieuse, l'effet de cette consécration constitutionnelle des principes de 89 doit être évidemment de subordonner l'Église à la Révolution, la morale religieuse à la morale publique.

Vous ne pouvez pas être prévenu d'avoir, en distinguant précisément la morale publique de la morale religieuse, et en prenant parti pour *la publique* contre *la religieuse*, outragé à la fois l'une et l'autre. Vous ne pouvez pas être rendu responsable de ce qu'il y a entre les deux morales une contradiction telle que l'une ne puisse pas être soutenue sans que l'autre soit attaquée ; et si, dans la nécessité de vous prononcer entre les deux, vous avez donné hautement la préférence à la morale publique, vous n'avez fait en cela, loin d'avoir commis un délit, que vous conformer strictement à l'article fondamental de la Constitution. J'irais jusqu'à soutenir que, devant notre droit public ainsi reconstitué, la loi ne doit reconnaître et protéger que la *morale publique*.

Nul ne saurait avoir la prétention de mieux comprendre les principes de 89 que les constituants de 89, et je vous rappelle que ces grands législateurs regardaient si bien comme une conséquence obligée de leurs principes la subordination de l'Église à la Révolution, qu'ils ont imposé aux ministres de tous les cultes le serment à leur Constitution. C'est la même déduction, pour le dire en passant, que celle où vous arrivez par le projet de Concordat proposé à la fin de votre 3e volume.

Il résulte de tout cela que, s'il y avait dans nos lois, lors de la promulgation de la Constitution actuelle, des dispositions qui, en négation de la Révolution et des principes de 89, eussent rétabli la confusion de la morale publique et de la morale religieuse, comme dans le temps où l'État ne reconnaissait que la morale religieuse, il y aurait lieu de conclure que ces dispositions ont été virtuellement abrogées par la Constitution actuelle.

Or, c'est le cas de plusieurs dispositions des lois de la Restauration sur la presse, faites évidemment dans un esprit de réaction contre la Révolution, et notamment de l'art. 8 de la loi du 17 mai 1849, qui réprime l'*outrage à la morale publique et religieuse*, en confondant les deux morales en une seule ; et comme ce délit prévu par la loi de 1819 forme précisément l'une des inculpations en vertu desquelles a été pratiquée la saisie de votre livre, je pense que, juridiquement, vous avez dans l'art. 1er de la Constitution un moyen péremptoire de repousser cette inculpation.

Tout cela semblera sans doute d'une logique bien audacieuse, bien téméraire, et je ne réponds pas qu'à l'audience cela fasse bien bon effet. Les esprits sont trop déshabitués de la discussion en cette matière pour qu'il y ait à compter sur une influence immédiate de l'argumentation la plus solide. C'est tout au plus si l'on ne trouvera pas que tous ces beaux raisonnements sont en dehors du procès. Je ne saurais admettre toutefois que la Constitution de 1852 n'a été promulguée qu'à la condition qu'on ne puisse pas s'en servir, et qu'un prévenu ne puisse pas y chercher des moyens de défense. Vous rentrez de plain-pied, avec les principes de 89, sur le terrain de Voltaire et de Mirabeau. Cela doit vous donner confiance. Soyez assuré qu'avec ces alliés-là on est sûr un jour ou l'autre d'avoir raison.

Sur le second point, je m'expliquerai tout aussi franchement; mais la question n'est pas aussi claire.

Si, parmi les délits qui seront relevés dans votre assignation, se trouvait le délit de diffamation envers certains membres du clergé, il ne serait pas douteux que, par la dénonciation des faits formant la matière de la diffamation, vous ne fussiez autorisé à demander un sursis, si ces faits étaient punissables selon la loi.

Cela résulte formellement de l'art. 25 de la loi du 26 mai 1819, lequel n'est point abrogé par la loi organique sur la presse de 1852, ainsi que l'ont décidé plusieurs arrêts, et notamment un arrêt de la Cour de cassation.

Mais la question serait de savoir si, dans le cas de diffamation envers l'Église en corps, la dénonciation des doctrines et des actes inconstitutionnels de l'Église, faite au Sénat, par voie de pétition, aux termes de la Constitution, pour provoquer un changement dans la législation relative à l'Église, devrait vous placer au bénéfice de l'art. 25 précité, aussi bien qu'une dénonciation faite au parquet contre certains membres du clergé, pour provoquer une. répression pénale.

A ne regarder que le fond des choses, il est certain qu'il y a une raison d'analogie très-forte pour placer au bénéfice de l'art. 25 précité le pétitionnaire qui provoque une répression législative contre une corporation de la part du Sénat, avec autant sinon avec plus de faveur que le dénonciateur qui provoque une répression judiciaire contre un particulier de la part du parquet.

Il répugne assurément que celui qui impute à un particulier un fait punissable et qui poursuit le redressement d'un délit individuel par la voie judiciaire, soit mieux traité par la loi que celui qui, imputant à toute une corporation des doctrines et des actes inconstitutionnels, en poursuit le redressement par la voie législative et se fait ainsi le défenseur des principes de la Constitution. Remarquez d'ailleurs que la voie législative est la seule qui soit ouverte pour dénoncer les doctrines ou les actes reprochables d'une corporation comme l'Église, qui par sa généralité même échappe à toute répression pénale. La mise en prévention de toute l'Église par le parquet ne se conçoit pas. Force est donc, à défaut du parquet, de recourir au Sénat.

Au point de vue procédurier, il suffira que, pour fonder votre demande de sursis, vous ayez à invoquer une analogie au lieu d'un texte formel, pour que vous deviez vous attendre là-dessus à des étonnements et à de grandes contestations, sans compter que très-probablement le délit de diffamation ne sera pas relevé contre vous, précisément pour éviter toute collision directe entre vous et le clergé. Mais la question ne m'en paraît pas moins assez importante, indépendamment des autres considérations qui peuvent motiver votre pétition, pour que vous songiez à vous réserver le moyen de la faire entrer dans le plan général de votre défense verbale ou écrite.

Tout à vous,

G. CHAUDEY.